書中部分人物姓名純屬虛構，與史實無關。

**謹以此書
向19世紀中國的航空先驅致敬**

華蘅芳、謝纘泰、秦國鏞、馮　如、厲汝燕、
劉佐成、李寶焌、潘世忠、譚　根、楊仙逸、
巴玉藻、王　助、王孝豐、曾詒經。

（依出生年分排序）

寬和影像、古雯——文
張國徵——圖

王　助　TOWARD
Wong Tsoo　讓夢想飛向雲端
THE UNKNOWN

推薦序　讓自製鐵翼扛起家國

須文蔚

國立臺灣師範大學文學院院長

　　從小在空軍眷村長大，從巷口轉進來的小廣場，第一間平房住的吳國端伯伯自空軍官校第八期航空班畢業，他從 1938 年昆明畢業後，打過抗戰，國共內戰時，負責守衛首都領空安全，出生入死。老人家年過七旬，有次閒談時，突然拿出一張青年時的照片，他和幾位青年穿著軍服，背景是標語：「我們的身體、飛機和炸彈，當與敵人兵艦陣地同歸於盡。」

　　「帥不帥？」溫文儒雅的老人笑著問。

　　我一時答不出來，望著照片上臉龐還帶著稚氣的一群青年，怎能許下如此無畏的諾言？真不是一個「帥」字可以形容。

　　像吳國端一樣抱著我死國生，在天空上為國奮戰的青年，在抗戰期間多半都出自名校與名門，在極為劣勢的條件下出擊 3,337 次，死亡、失蹤 3,533 人，誠如英國首相邱吉爾曾經讚譽空軍將士的犧牲精神：「從來沒有這麼少的人，為這麼多的人，做出過這麼大的貢獻！」（Never in the field of human conflict was so much owed by so many to so few.）但在眾人的善忘中，民國飛行員的故事，漸漸無聲無息。

　　楊佈新導演一直關注空軍歷史，在海峽中線日漸貼近臺灣本島之際，他在 2018 年推出紀錄片《疾風魅影-黑貓中隊》，為臺灣最神祕的高空偵察中隊造影，搶在黑貓前輩還沒離開世間，讓他們現身說

法，見證了冷戰期間，美國給予臺灣軍備和高科技，而我們最優異的飛行員為他們偵蒐情報，雖然飛官們的翅膀扛起了臺灣，但犧牲或被俘的飛行員是否得到了國家的尊重？而時代悲歌下又留下什麼記憶檔案？是他透過影片提出的大哉問。

2019年春天邀請楊導演和我一起文學走讀，在公館一帶，找尋空軍歷史的遺跡。當天根據1971年的空照圖的比對，我們穿過鹿鳴堂，穿越時間，置身於美國空軍的「臺北通訊站」（Taipei Air Station）中，在教堂前，楊導演為我們解釋黑貓中隊拍回來的底片與情資，就曾經存在臺大校園的一隅，如此神祕？又如此屈辱？

接下來大疫來襲，楊佈新導演沒有停下腳步，開始追索王助與華錫鈞兩位航空工程師的故事。兩位工程師共同的願望都是：中華民國能夠自製飛機，讓我們的飛行員能捍衛美好的家園。

楊佈新導演和我往復通信，交換資料，蒐集史料，關注王助在1917年進入馬尾海軍船政局海軍飛機工程處，把飛行夢實現在水面上，設計與製造出中國海軍第一架水上飛機，盡可能還原當時的人事物。讓人佩服的是，楊導演在華錫鈞將軍的生平資料蒐集上，真是「上窮碧落下黃泉，動手動腳找東西」，還進行大量的田野功夫，訪問了華錫鈞夫人周毓和女士。

當傳記雛形浮現，我建議是否先編寫給青少年閱讀的歷史小說？畢竟「史統散，小說興」，以故事的感染力傳遞歷史真相，應當是這個時代有識者必須開闢的新途徑。

王助一生規劃出無數飛機的草圖，可惜戰火連天，國家貧弱，最終只能把一生的才學，寄託在臺灣省立工學院（今國立成功大學）機械工程系的《航空工程》（*Engineer Aerodynamics*）講義上。團隊邀請了古雯來執筆《王助——讓夢想飛向雲端》一書，由我提供一份故事綱要，把故事鎖定在民國第一代航空工程師王助、巴玉藻、王孝

豐、曾詒經的兄弟情上，集中描寫第一架水上飛機設計與試飛的各種困難，以及最終一飛沖天的喜悅。

　　王助 1965 年過世，他國造戰機的大夢還要等到 1988 年，華錫鈞主持的「鷹揚計畫」第一架「IDF」原型機出廠，才算是築夢踏實。事實上，華錫鈞將軍在《疾風魅影-黑貓中隊》就屢屢登場，他不可思議的飛行技術，成功在柯爾特斯（Cortez, Colorado）的小鎮機場迫降，是飛行史上的傳奇，他毅然放棄美國高薪的工作，返國投身 IDF 經國號戰機的研發，更讓人敬佩。軍事故事多半表揚英雄，我和執筆的黃筱嵐發想時，覺得如果從周毓和女士的角度：新嫁娘時心跟著 U-2 偵查機懸在雲端，等到丈夫退伍，在美國還打工供先生進修，好不容易先生取得博士，卻接受國家的徵召，放棄優渥的生活，回到臺灣，如是深情，如是寬厚，確實讓人動容，我展讀《華錫鈞——以鐵翼扛起臺灣》一書的初稿時，頻頻拭淚，深受周毓和女士的深情感動。

　　讓自製的鐵翼扛起家國，是民國人物幾乎跨越一世紀的夢想，王助的遺憾並非末日，華錫鈞的成功也絕非終點，這兩本書記錄下的史實告訴我們，唯有抱持著不屈服的勇氣前行，誠如《韓非子・喻老》所說：「雖無飛，飛必沖天；雖無鳴，鳴必驚人。」

推薦序　王助篇

齊立平

中科院航空所前所長

　　清末民初的中國，戰火動盪染紅了天空。王助、巴玉藻、曾貽經、王孝豐等年輕的學子，懷著對造船與航空救國的願景，分別踏上了前往英、美的留學之路，學習著最先進的航空科技，渴望讓故鄉蒼天不再被陰霾籠罩。

　　在美國，滿懷熱忱的他們，站在波音和寇帝斯發動機公司的工作室裡，目睹飛機的誕生與飛行的奇蹟——每一次的試飛，每一次的成功與失敗，都讓他們的心跳加速、輸送著熱血讓年輕的工程師們羽翼漸豐。

　　學到了技術，更學會了勇敢與堅持，他們在風起時分回國，以汗水書寫著飛行圖紙、團結打造出最初的原型，讓「航空工業」在神州大地萌芽，成為那個時代的航空先驅。

　　在歷史的長河中，許多英雄的名字逐漸被淡忘，然而，他們的足跡卻深深影響了我們的未來。中華民國的航空發展史，正是一段充滿勇氣與奉獻的歷程，值得我們重新審視。

　　跟隨這些英雄的足跡，感受他們的激情與夢想。這不僅是對過去的回顧，更是對未來的啟發，讓我們在追尋夢想的路上，勇敢飛翔。

　　*齊立平，中科院航空所前所長，畢業於中正理工學院電機系。畢業起即投身航發基層工作多年，歷經控制組組長、副所長、所長，其後分別榮獲逢甲大學電機與通訊工程及交通大學管理科學博士學位，為國內培育的優秀國防科技人才。

王助（1893-1965）

1

　　1912 年，冬季剛過，春天才來，晴空萬里，豔陽斑斕，空氣中仍夾雜著一絲涼意。溫德米爾湖（Lake Windermere）看上去黑不見底、深邃懾人，但湖面浮著一層熠熠閃耀的陽光折射，令人無法直視。湖畔斯科菲峰（Scafell Pike）隆起的山巒上，萬物剛剛甦醒，蔓生綠意。

　　王助和巴玉藻從湖邊走來，他們頭髮黝黑，身上穿的西裝褲明顯過長，褲管蓄積在腳踝邊，肩膀雖然有墊肩撐著，但外套像虛掛在空中，而西裝外套鼓起的口袋，跟著身體韻律上下晃動。王助伸手摸入口袋，想掏出銅板與紙鈔，但掌心沒握好，錢幣從虎口逃跑，叮叮咚咚掉落在地上，其中一枚硬幣像是長腳，靈巧地滾動於一旁草地。兩人在後方拼命追趕，直到硬幣沒有聲息，垂倒在草皮上。他彎腰蹲下身，準備把它撿起。

　　「哎小心點！這是我們所有的積蓄。詒經、孝豐的錢都在這啊！」巴玉藻說。

王助專注地清點手上的硬幣和紙鈔，沒注意四周動靜，只感覺眼前黑灰，頭頂上飄來一團烏雲遮蔽光線。

「是不是就是你們兩個說要來搭 Waterbird 式飛機？」

來人巨大的身子擋住光線，逆光看不清他的樣貌。兩人趕緊站起身，王助把錢塞回口袋。才看清男子精實強壯的身體，穿著針織毛呢背心與頭戴著格紋貝雷帽。兩人比眼前的男子矮了一大截。

「Adams 先生嗎？你好，我是王助。」他倆想要伸出手致意時，發覺手上因撿拾而沾上一層薄塵，趕緊撣了撣後，才再度伸出手。

「你好，我是巴玉藻。」

「我是 Adams，聽說有兩個中國青年要來試搭飛機，我本來還不相信，原來是真的。」

Adams 領著他們繞湖走了一小段。春天剛來，潛藏生機，所有事物都在等待第一場雨水降臨。溫德米爾湖是英國最大的內陸湖，兩旁被連綿的山巒包圍。湖邊與岸上皆有天鵝、鴨子成群地休憩覓食，牠們用嘴喙探入身體理毛的姿態，展現柔順流利的線條。

＊＊＊

清朝末年，清政府為了振興海軍，派大臣赴歐洲考察海軍，並且選取學生出國，學習先進國家的科學技術，王助和巴玉藻就是其中幾位入選學生。他們來到英國後，幾乎都待在德蘭姆（Durham）大學阿姆斯壯（Armstrong）工學院的工廠實習，整日與老師和機械設備打交道。有很長的一段時間，沒有機會聞到泥土與青草的味道，兩人心情一陣鬆快。

跟在 Adams 後頭走了許久，穿過湖畔的密林，便看到停靠在湖邊的 Waterbird 雙翼飛機，它奇特巨型的身影，震撼了兩人。

Waterbird 雙翼飛機展開羽翼般的翅膀，兩塊

板子平行搭建，飛行員所坐的位置落在下方較短的翅膀上，後面裝載著笨重的發動機。中間有幾根木頭豎立撐起上下機翼，左右翼下各托著一翼尖浮筒。兩人走近看得出神，想著就是這個玩意，可以讓我們在天上飛？

飛機一次只能由飛行員搭載一名乘客。王助和巴玉藻誰也不想讓誰，「剪刀、石頭、布」，兩人都想搶先體驗，同時出拳，巴玉藻贏了。

王助低下頭，懊悔看著自己出象徵勝利的剪刀。巴玉藻不捨王助失落的模樣，便說：「不然你先坐吧，我怕死。看你安全降落，我再搭。」王助眼中熄滅的光芒，這才又亮起。

　　王助吃力地爬上駕駛座，但短矮的身形搆不到邊，只能掛在機身上，巴玉藻在後面推了他屁股一把，王助向上順勢坐上副駕駛座。

　　飛機起飛時，先在水面上滑行一段。本在湖岸邊悠遊的天鵝受到驚擾，牠們抬舉純白的身軀，離開水面後，露出兩隻細腳，腳蹼點踏水面，跟著飛機一道起跑。

　　機身晃動，王助不自覺緊握著兩側抓杆。水面因為螺旋槳轉動，激起層層漣漪，像在追逐他們，又像想一同玩耍。王助的身體被機身拖著向上爬升，懸於半空。螺旋槳把空氣「啪啪啪」切成多塊。站在湖岸邊的巴玉藻，激動看著飛機與王助，向他揮手。

　　飛機與天鵝就幻作兩道疾風，前後駛向天空。

　　當飛機上升到一定高度時，王助俯視欣賞高壯樹木變成綠色叢塊，在地面上的巴玉藻，已經變

成逗點大。王助一轉頭，猛然發現前方快要撞向山壁，他失聲大叫。只見 Adams 猛力拉抬助升器，剎時飛機頭仰衝，再次把王助往上抬舉，他們背部緊緊地貼在椅背上。那種奇異的感覺，就像心臟和靈魂被狠狠地甩出身體之外。

穿越一陣霧氣後，重力加速度解除，身體感知回歸正常。而飛機就在不知不覺中，正要越過英格蘭最高峰斯科菲峰之上。眼前的視野與地面上的完全不一樣，山巒上豎立的冷杉，高聳分明。

王助忍不住往下眺望，冷不防一團黑色迷霧撲上臉面，嚇得王助手足無措、急著掩護。Adams 在旁似笑非笑，興味盎然地看著這個瘦弱、黃皮膚、黑頭髮的青年。王助回過神，才知道是躲避不及的鳥兒，撞上自己。

這次的飛行經驗，讓兩個窮學生體會了什麼是飛行，掙脫地心引力使人心神蕩漾、盤旋不去。

而原本出國學造船的兩人，心中突然湧現了一個願望：想讓故鄉的親人能體驗飛翔，更想讓國家，也能飛在世界的雲端之上。

王助
—— 讓夢想飛向雲端　013

2

兩人 1909 年離開故鄉時，國名還是大清。煙臺海軍水師學校裡，青年們私下傳抄龔自珍的〈己亥雜詩・其二百二十〉：

九州生氣恃風雷，
萬馬齊喑究可哀。
我勸天公重抖擻，
不拘一格降人才。

彼時國家面對列強入侵、割地賠款的恥辱，悲憤昂揚的情緒，還記憶猶新。但在時代巨變的浪潮下，席捲而來的是各種出乎意料之外的狀況。

他們還沒來得及回國，故土已經發生天翻地覆的改變，成立了亞洲第一個民主共和國——中華民國。幾位年輕的留學生，在英國聽聞此事後，不可置信。他們在師長們的陪伴下，才遲疑地拽起背後蓄留多年的髮辮，細細撫摸著從小就珍惜萬分的頭髮。拿起剪刀，閉眼不敢直視，剪斷頭髮的一瞬間，原本編整井然有條的髮束，沒有了束縛，散開披落於肩上。而手中的那撮也凌亂鬆開，還有一縷髮沒拿好，飄落地上。

　　王助淚水本來在眼眶裡兜兜轉轉許久，看到巴玉藻早把手帕哭得溼透時，王助再也忍不住，眼眶積水開始洩洪。思鄉的情緒，淹沒王助。王助和巴玉藻相擁而泣。

　　「身體髮膚，受之父母」，老師叮嚀。要留學生們把剪下的頭髮放入信封袋中，寄回家鄉的父母，髮在人在。

　　當信密封、貼上郵票時，青年們也將心事埋藏。舔舐著撕裂的心，期盼就算前方是千山萬水，還是要找到路返國回家。

王助想，要是時間能對折，能否飛得夠高？在機身俯衝掠地的一瞬間，他看見地面上，那個張著晶亮大眼與自己痴痴遙望的靈魂。這是中華兒女的期待——要是能駕馭自己製造的飛機，保衛家園與國土，守護千千萬萬的百姓安居樂業，那樣該有多好呢？

　　現在自己在英國學習的是造船技術，要是搖身一變……學會設計飛機，中國這個垂垂老矣的大帝國，能否變得不一樣？

　　王助實在不敢繼續想下去，這無疑是個奢侈的願望。

3

　　青年留學生的生活過得很忙碌，除了學習就是實作練習。時間浮浮沉沉。王助自從經歷那次飛行之後，常常在午夜夢迴之際，風兒便蓄勢待發，一次又一次颳起，把他吹向無邊的天際，帶著王助心神翱翔。

　　此時中國海軍總長劉冠雄嗅到世界科技的風向，認為未來國家強盛的關鍵，必將在飛行裝置上一較高下。所以循循善誘小留學生們可以由製作戰艦，轉而研發飛機。這一切剛好正中王助與朋友們的心思，讓原本求之不得的美夢，轉瞬成真。

＊＊＊

　　1916年王助從麻省理工航空所（MIT AeroAstro）畢業後，受聘於太平洋飛機產品公司（Pacific Aero Products Company，波音公司前身），成為第一任航空工程師。

王助窩在美國西雅圖的單人宿舍中，房裡擺著一張書桌和單人床鋪，簡陋的家具快把小小的房間占滿。而書桌上，被成山堆疊的設計稿紙占據。書桌像一艘載物太多，快要擱淺的船隻。書桌旁孤立的一支檯燈，放出暈黃的光芒，像海中指引路線的燈塔，璀璨光亮，也把坐在桌前王助的臉龐線條照得黑白分明。王助雖駝著背，正埋手測量繪圖，但難掩他所散出鬥志高昂的英氣。

　　王助好不容易在雜亂的書桌上，挪移出一點平坦的空位，專注凝神地埋首於這方寸之地，振筆寫信。

玉藻：

　　今天我和蒙特在聯合湖試飛那臺改裝後的 B & W。如之前所道，我想試試看如果沒有垂直水平安定面，機尾只有升降舵與方向舵，是否可行？雖然近日來蒙特試飛過程中還是很不順利，我想方向舵的部分，還需要再改良。但觀察近日的飛行狀態，比起從前，現在三軸中，若突然有其中一軸發生偏轉，飛機還是可以轉動回歸成穩定的狀態。這可是設計上的大大突破啊！

　　這項發現實在太暢快，我把這臺改良的 B & W 飛機取名為 model C。紀念此次設計的重大突破。

　　另外是我已經收到你寄來的飛行軟帽，竟然是最時髦的羔羊皮、內襯為兔毛，我心目中最完美的帽子終於出現了。太喜歡，在未來的每次飛行中，我一定都會戴著它。

王助拜上

夜色醇厚，萬物皆走入夢鄉中。沉默寂靜，世界只剩下王助與桌檯上的燈火，綻放光亮。床上放著巴玉藻寄來的古銅色羔羊皮帽。

王助時而思索，時而暢然大笑，更常撓頭髮。拿起信紙，想要趕快分享給好友自己的新設計，有時又把一旁的測繪圖紙拿起來不斷端詳，憶及什麼重要的事，趕緊畫下來。深怕靈感一個眨眼，就隱匿無蹤。王助在西雅圖的眾多黑夜裡，沉溺於腦內樂園裡，流連忘返不捨離去。

* * *

在與巴玉藻、王孝豐、曾詒經書信來往後，王助得知此時的國家局勢混亂。袁世凱一過世，北洋政府就立刻分裂。列強虎視眈眈，無一不藉機扶持與自己友好的地方軍閥——革命後的新國家，依舊是西方帝國主義的刀上俎、嘴上肉。

四人雖然分散世界各地，卻不約而同思慮著國家的未來。一眾憂心忡忡的留學生們，皆想趕快回國效力，苦無何處著力之處。

1917年，機會終於來敲門。巴玉藻來信告知王助，7月22日北洋政府海軍總長程璧光率艦隊離開上海，同行的還有伍廷芳、汪精衛，和幾個國會議員。8月5日，程璧光艦隊抵達廣州，倒戈孫中山，國民政府到岸歡迎。南北政府相互彼此譴責，正式分裂。此時，北洋政府才警覺越來越多人才、資源，倒向南邊的孫中山。

因此，在北洋政府海軍總長劉冠雄的牽線之下，留學多年的海外四傑──王助、巴玉藻、王孝豐、曾詒經，也覺得時機成熟，四人在同年年底毅然回國，發展航空實業和置辦學校。

北洋政府大總統與國務總理，一直希望能養護屬於自己的航空軍備戰力，在得知這批工程師有意返國後，喜出望外，承諾給予他們五萬元的建設經費。

四人先後到天津大沽、上海高昌與福州馬尾勘查，福州馬尾於 1866 年開展造船等教育，已有多年現代工業基礎，而且馬尾是三條江河的交匯之處，江流平穩適合飛機起降。於是他們最後選擇前身為「福州馬尾船政學堂」的廠區，成立「馬尾飛機工程處」，作為建造飛機的根據地。

4

　　南方的夏天豔陽毒辣，也是多水的時節，梅雨季節後，緊接著又遇到颱風侵襲。雨已經下下停停五個月了，還不見放晴。這讓生長於北方乾燥氣候中的王助，感到很不適應。整日浸泡在溼黏的日子裡面，連磚牆都快泡成了豆腐。

　　確定造飛機的據點後，王助和王孝豐在舊船政局的鐵脅廠，整理廢棄多時的機具，並把需要測試的機臺一一啟動。動力裝置、燃料臺所散發的熱力，將整個工廠烤得更加滾燙燥熱。外頭氣候溼溽，裡面又高溫環伺。工廠裡的人幾乎都已經光著上身，卻還是無法鎖住汗水的閥門。王助、王孝豐兩人的短袖衣衫早已沾染溼透，衣料黏貼在肌膚之上，像一團吸飽鹽水的海綿，一碰就滲出水。嚴酷的環境之下，兩人專注地測試機臺，並指揮現場的工作人員，把不要的機臺卸下，並搬離工廠。

此時巴玉藻和曾詒經一前一後，行色匆匆地走進來。王助和王孝豐見狀湊上去，問：「怎麼，陳兆鏘將軍怎麼說？」

　　「他說劉冠雄總長只寫了一封信給他，叫他隨時接濟一些材料、工資。」曾詒經原本展翅的眉宇，被失望披上一層殘火燃燒後的灰燼。

　　「那原來說好要給我們的五萬元呢？」

巴玉藻和曾詒經紛紛搖頭，低下的臉上被一道欲哭無淚的陰翳給遮蓋，王助也跟著跌進暗色的影子裡。

「你們這邊進行得怎麼樣？」巴玉藻問道。

「我和孝豐打算把鐵脅廠、機工間、木工間改為飛機零組件工廠。」

大家眼神順勢掃描一圈廠房，厚重的灰塵和高溫的熱力在廠內張揚，陳舊廢棄的機具占據了廠房的大半邊。

王孝豐領著其他三人走到廠外，參差聳立的雜草，把四人圍困在侷促的空間。四人胼手胝足地開路，王孝豐頻頻確認前進的方向，在並肩走了一小段路之後，停駐在一處空曠荒蕪的空地，說：

「這裡地勢比較平坦，在這裡我們想做一個飛機組裝廠和停機庫。」

然而四人一眼望去，只有荒漠蔓生的植物。機棚、廠房等設備，都只能在腦海中建造、想像。

＊＊＊

「不然我們去找李行將軍幫忙？他曾說我們只要幫他做幾架飛機，讓他有面子，就願意贊助我們需要的經費。」巴玉藻提議。

「你說那個暴發戶軍閥?!」曾貽經驚訝地問。

「現在的北洋政府被直系、奉系輪流把持，鬥個不停，錢就是被他們這群人擋下來。」王助跟著露出不以為意的表情。

四人站在空曠寂寥的荒地上，身體迎上吹拂而來的陣陣微風。幾人處於高熱的心頭，被澆上一桶冷水，不禁滲出涼意。

資金短缺的話題，是繞不出迷宮的布局，在四人之間沒能找到出口。

***

儘管工程處的進展不太順利，但「馬尾海軍飛潛學校」的辦學腳步，並未因此而停下。

學校上課鐘聲響起，這一堂是王助開設的飛機材料課。年輕的學子們收起玩心，紛紛進入教室。只見王助拿著兩罐不知為何物的東西走進來，臉上

盡是洋洋得意。

他將鐵罐子撬開後，雖然大家還沒看到罐中所裝之物，但味道早已如猛虎出閘，湧入眾人的鼻腔內，嗆辣濃厚，王助也不自覺地乾咳兩聲。臺下頓時議論紛紛。

「你們不要小看這兩罐，這是我們最近測試出來的大發現。這兩罐分別是桐油和生漆。刷在木桿上，防水效果極佳，更勝外國的……」王助開始長篇大論地分析各國漆料測試的狀況。

正當他說得熱情忘我、口沫橫飛之際，才發覺臺下有人搖頭晃腦，原來是有學生打起瞌睡，大大掃了王助授課的興致。王助停下嘴巴，眼神射向學生。大家順著眼神望去，是林鴻遠在打盹。

隔壁的人偷偷推了林鴻遠一把，他從睡夢中驚醒，險些從椅子上摔下來。大家看到他的糗態而哄堂大笑。

「林鴻遠睡醒了沒？」王助不怒自威。

「老師對不起，我昨天自習到太晚，所以……」

林鴻遠趕緊站起立正，兩手緊貼褲縫，滿臉歉意地向王助鞠躬道歉。

「全校只有你在自習啊？那別人怎麼沒有在課堂上睡覺？」林鴻遠不敢回嘴半句。被王助叫到外面半蹲罰站。時間一久，他兩腿發麻顫抖。直到下課鐘聲響起，林鴻遠終於結束懲罰，想站挺，才發覺兩腿早已不是自己的，雙腳無力支持，屁股重摔在地上。

王孝豐走經過，看到跌坐地上的林鴻遠一臉苦瓜相，問道：「怎麼？又被罰了。」林鴻遠回過神，看到是平常關心他的孝豐老師，勉強擠出笑臉。

「等等被罰完，過來找我，我給你一些豬肉乾，讓你寄回老家，給家人也嚐嚐。」林鴻遠原本緊鎖的眉頭，才舒坦開來，笑靨綻放開花。

在他們四人嚴實的分工之下，讓飛機工程處的研發工作和海軍飛潛學校的教學之間，兩者搭配得很有默契。巴玉藻負責行政、籌錢。王助負責研發，找當地材料、提升性能等。曾詒經主攻發動

　機,從國外進口後,再稍作改良安裝於飛機上,協助王助製作出心目中的飛機。王孝豐則主要負責海軍飛潛學校的庶務,當起年輕學子們的大家長,關心大夥的生活起居。

　老師們各司其職,也把設計、製作飛機的步驟分門別類,建立一套製造流程的系統。他們那時候從沒想過這套系統,會被未來中國的航空製造產業,沿用到很久很久以後⋯⋯

5

「誓死力爭，還我青島！收回山東權利！」

「廢除二十一條！徐世昌下臺！」人群竭力叫喊、此起彼落。

1919 年 5 月 4 日這天，北平城裡的青年學子不坐在教室裡，紛紛走上街頭，學堂裡空無一人，但街頭聚滿學生。大夥頭綁布條，成群結隊遊街示威，最後群聚包圍北洋政府的辦公官邸。他們義憤填膺地宣示心意，反對日本的情緒高漲。

一時之間，全國知識界都討論著山東問題，輿論皆不同意北洋政府與日本祕密簽約，抗議巴黎和會上有關山東問題的決議。

其動盪的世界局勢，煽風點火起全民護衛國家之心。國家正面臨新文化運動，啟蒙、民主、科學蓬勃發展的撞擊。然而日本的狼子野心，也在華夏土地上悄悄地散播、發芽，窺伺著一幫青年。

此時馬尾海軍飛潛學校，卻陷入一片悲傷流沙之中，死亡的陰影吞噬大家。

「劉浩今天在試飛中，墜機過世了！」

今早測試飛機時，劉浩所駕駛的飛機才剛起飛升空，就在眾人的眼前羽翅解體，導致飛機直接下墜，他逃生不及，當場罹難。這是這個月第二次發生飛機試飛不成功，飛行員過世的意外。

「是不是測試壓力時，出了什麼問題？」王助說。

王助和曾詒經翻出那架飛機的設計稿，噙住淚水，反覆確認圖稿上面的所有數據，卻毫無頭緒。曾詒經頹敗地說：「沙袋放在主翼、尾翼、機身，果然還是不夠精準。」

當時許多國家測試飛機材料壓力的方式，是使用沙袋法，每個沙袋 10 磅重，以測試材料的平均壓力，預測飛機飛上天後，可能受到的壓力，同時檢驗抗彎、抗扭等特性。

這個方法的缺點是不夠精準,飛機飛上天後,大氣中的變動因素過多,沙袋法只能粗淺測試,無法精準掌握空氣流體的狀況。使得飛上天的飛機在面對強風時,容易解體失事。飛行員一旦墜落,不是重傷、半殘甚至死亡,在所難免。

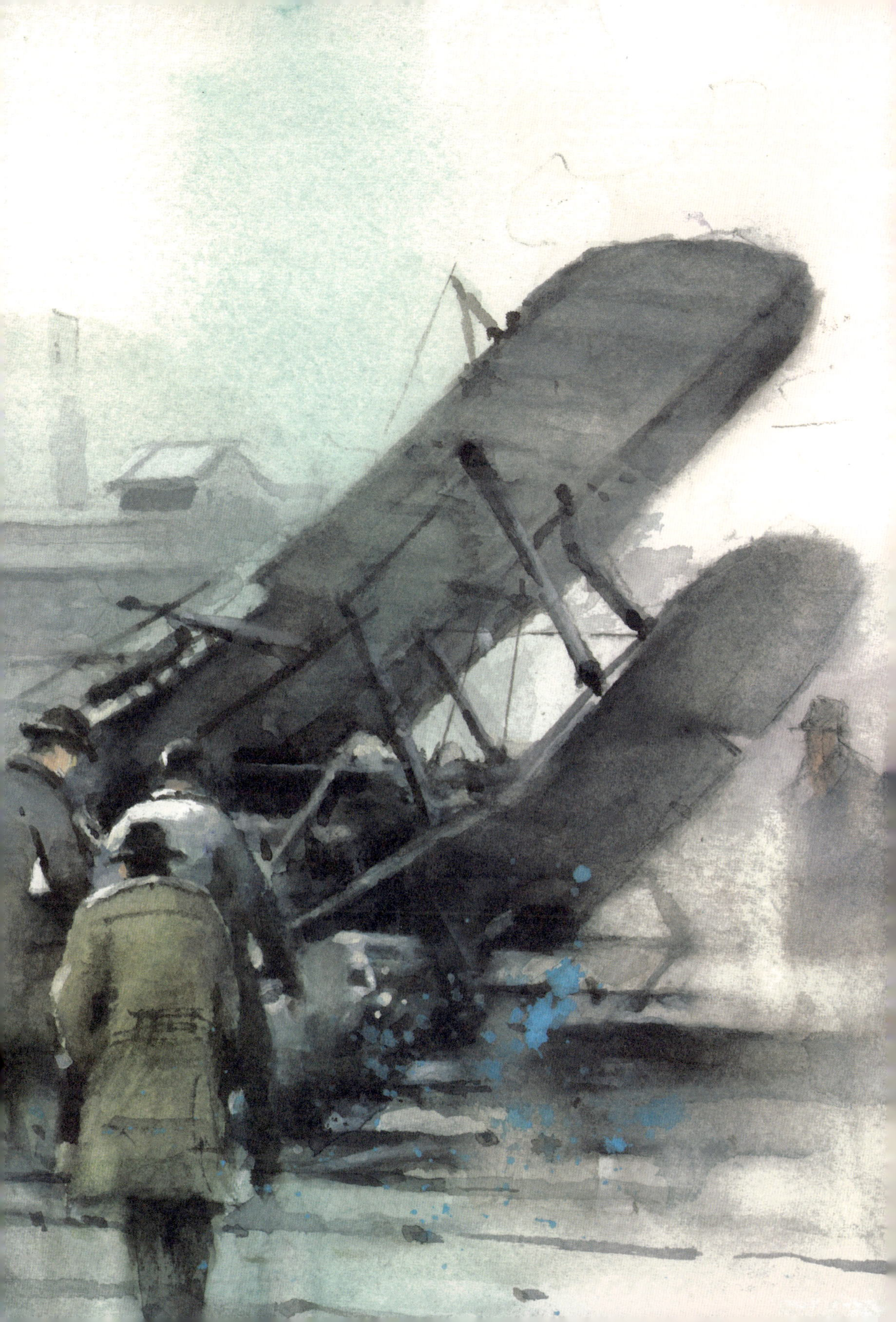

王助無意識地又開始撓頭髮。

「嘿，你再撓，真的就要禿了！」曾詒經故意說。王助舉在半空中晃動的手，無所適從地緩緩放下。

每日朝夕相處，一同學習的飛潛學校師生，無不對於這個消息感到悲傷。這段期間太多人失事，一時之間，沒有人有勇氣去駕駛飛機，幫忙測試飛機性能。

接二連三發生的憾事，皆由王孝豐代表學校為去世學生的家屬治喪。因為傷心與身體疲累過度，王孝豐跟著倒下。

這段時間，林鴻遠總是隨侍在孝豐老師的床邊，關照他的身心安危。

6

1901 年美國萊特兄弟為了得到正確的飛行資料，發明了風洞隧道來進行滑翔機試飛的測驗，並在 1902 年用風洞隧道測試他們的第三架滑翔機，為當時最大的雙翼滑翔機。他們在機尾加裝垂直尾翼，以防止轉向時發生翻轉，並利用風洞進行上千次的試飛，最終在 1903 年時，發明世界上第一架帶有動力的載人飛行器——萊特飛行器。

在馬尾海軍飛潛學校的眾人，也想更精確地掌握流體力學的數據，以減少飛機解體的失誤率。「如果在馬尾也建設風洞裝置，那該有多好！」眾人殷殷期盼著，可惜經費光是應付學校平常的基本運作，和飛機工程處的材料測試，就已經很勉強了，更別奢望昂貴的風洞設備。

於是巴玉藻奔走周旋各方勢力，想盡辦法請大家掏錢支持他們研發與教學工作。終於在陳兆鏘將軍多次撮合下，找到李行將軍。李將軍回傳話，有意願投資飛機工程處，並邀請王助、巴玉藻走一趟

上海議事。

幾人相約在鳳舞樓，上海名店，既是勾欄也是酒家。

夜晚的上海歌舞昇平，名媛紳士齊聚，赴不完的觥籌之約與道不斷的兒女情長。五彩霓虹把黑暗照亮，交織出一場場燈紅酒綠。

晚上時段被李行將軍包場。王助對於赴約宴席，不習慣也不情願，是被巴玉藻拖來。兩人身穿簡約的灰色西裝，頭戴著早已經曬得有些發白的黑色紳士帽。

王助一踏進鳳舞樓，耳邊先傳來高亢的戲曲吊嗓，在人聲的停頓時，加入笛、皮鼓、梆子、鑼和京胡等弦樂器伴奏。角聲與樂聲搭配得錯落有致。王助被戲臺上戲曲演出的唱、念、做、打吸引住全部的注意力。

* * *

墊高的舞臺上是另外一場宴會，〈鴻門宴〉。

黑白面、大鬍子，頭戴夫子盔，氣勢強勁，項

羽霸氣地與項伯東向坐。其他角色比鄰而席，亞父范增南向坐。沛公北向坐，張良西向侍。劉邦雖為客人，應當坐在主位或次位，卻坐在次位。從座位擺設，可以看出項羽並不把劉邦放在眼裡。

項羽的謀士范增，以為今日是除去劉邦的大好時機，他使眼色給項羽，並展現尊貴的玉玦暗示要他除掉劉邦，但是項羽因為聽從項伯的勸，不想殺劉邦，所以一直不為所動。范增只好找到項羽的堂弟項莊，私下竊竊私語……

只見項莊回到宴席後，打算在眾人前舞劍助興。

項莊撩起劍柄，有時雙手持劍，偶時單手，切換流暢。項莊身材魁梧，卻難得與手上的劍融合一體，刺、點、崩、攪、壓、劈等，劍像是附上靈魂。

然而項莊舞劍姿態雖美，但招式卻意有所指，出手陰狠，劍光不斷閃向劉邦。

劉邦雖泰然端坐於位置，心頭是驚心動魄，頻頻閃躲來劍。

一旁的項伯見情況不對，也起身加入舞劍，其實是為了護衛劉邦。項莊本來劍刃已刺向劉邦，卻又被項伯給擋下來。兩人招式你來我往。

這段歷史的名場面，讓王助看得出神。他恍神不察撞到一旁端菜的店員，菜汁灑向王助的西裝外套上。

「抱歉抱歉」，店員慌張地拿著汗布，想幫忙擦拭乾淨。

「不用，我自己來。」

王助下意識反射倒退一步，不習慣與他人太過靠近。拿出自己口袋中的手巾擦拭，再三仔細整理一遍西裝外套。王助想著舞臺上雖然演出著歷史故事，但真實人生常常比戲劇更加轉折離奇。

巴玉藻找不著王助，站在樓梯高點四處張望，「原來你在這，我以為你跑掉了。」

王助被巴玉藻領上二樓，往最氣派奢豪的包廂走去。進入包廂後，只見圓桌上擺滿珍鮮佳餚。

坐西朝東坐著方頭大耳，一身英挺軍裝的男子。他目不轉睛盯著戲臺，看著項莊與項伯舞劍，互相攻防。看到興頭之上時，大聲拍手叫好。而圓桌的坐南朝北向座位上放了兩把椅子，他們的位置與臺上的劉邦正好相同。

他倆想此人應該就是邀請他們來的主人，李行將軍。

巴玉藻率先出聲向李行將軍打招呼，連在軍裝之上的光禿蛋頭，這才轉過來，瞅了巴玉藻和王助一眼。這時王助才看清李行將軍額頭上有一道突起的肉疙瘩，從額頭開到眼角，皺起的肉瘤使得五官移位，變得有些怵目。

「哎呀，這是鼎鼎大名福州馬尾飛機工程處的巴主任和王大設計師。別客氣，坐、坐。」

李將軍嘴上說得熱情，但目光馬上轉移回戲臺之上。他們識趣地拉起椅子，一同欣賞舞臺上演出的〈鴻門宴〉。

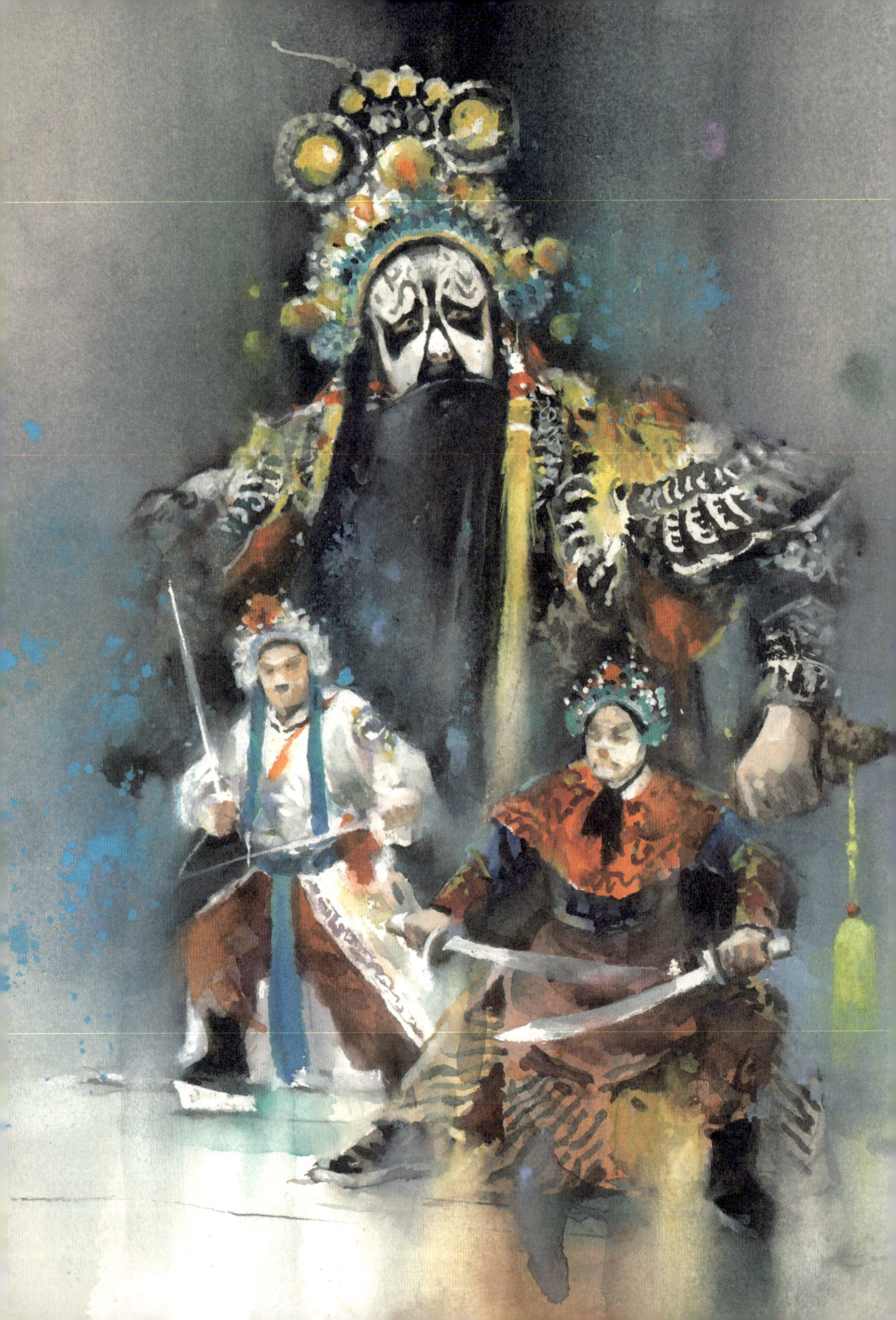

王助無法適應這樣的場合。他的西裝外套裡像鑽進百萬隻小蟲，身體煩躁地扭動。在一旁的巴玉藻按住王助正要抬起的左手，短短的時間裡，他已經看了十幾次錶。巴玉藻要他稍安勿躁。

直到戲曲終場，角色謝幕，大紅綢緞降下。

李將軍不知是在喃喃自語，還是跟他人說，幾句話含在嘴裡：「這個項羽就是一時大意，錯放了劉邦，最後才會自刎於烏江頭。人就是要做對選擇，步步為營，才可能成就大業。」李將軍突然轉向巴玉藻和王助問：「兩位說是不是？」

兩人只能尷尬地點點頭。

王助再也按捺不住胸中的不耐，趕緊問道：「聽說李將軍你有意願資助我們萬元，打造風洞？」

李將軍聽聞後，只是笑笑不答，擺手要他們先用餐。

「謝謝將軍盛情，我們想趕快確認風洞的事。」

「唉唷，看來王大設計師是個急性子。我是有這個意願……」兩人聽到這邊，眼睛發亮。

巴玉藻以為遇到有志一同的金主，也耐不住興奮說：「那太好了，我們正需要多一點像您一樣愛國的將軍，願意支持政府開展航空實業。畢竟航空事業是國家的根本……」

「巴主任你先聽我說，我現在改變主意了。」巴玉藻心頭一緊：「啊?!您是不是覺得金額太龐大，那沒關係，看您可以贊助多少……」

「等等等，巴主任我不是不支持。」李行不疾不徐地端起眼前的酒杯，一飲而盡。

「我很仰慕你們這位王大設計師。現在全國誰不知道他所設計那架甲型一號的前身 Model C，成功賣給美國軍方五十架。只是在下呢，有個卑微的請求。希望王大設計師駕駛他所設計的甲型一號，在我 50 歲壽宴那天，到場幫我祝賀一下。給我助長點威風，怎麼樣？」李行看向王助。

「李將軍，你不是說出來跟你吃一頓飯聊聊，就願意出錢？現在怎麼又變卦？」王助臉上表情看不出情緒，但拿著茶杯的手，不自覺握得更緊，指甲陷入其他手指的指肉中。

「你們看不出來？」

「？」

「我反悔了啊！」

李將軍還是一臉笑盈盈。他端起碗邊的筷子，伸手挑起前方盤中鮮魚的魚刺，把白嫩嫩的魚肉放入嘴中。貪婪地享受鮮魚的滋味。

「你……」

「兩位別這麼生氣。你們也體諒一下我，畢竟你們開的金額不小，那可是我軍隊半年的軍餉。現在哪一方勢力，不是在擴大自己的軍備實力？你要知道，資助你們對我並沒有直接的好處……」巴玉藻、王助此時的腦子裡像被轟炸過後，狼藉蕭條，聽不進任何話語。

三人之間，話不投機半句多。

兩人耐著性子說：「容我們再想想，之後再與將軍聯絡。」

這次換王助拉著巴玉藻，頭也不回地離開鳳舞樓。

＊＊＊

回到福州馬尾後，辦公室討論著是否要配合李行飛行展示的要求，眾人意見並不一致。

王助認為：「就算我去飛之後，那個李行還是有可能出爾反爾，他根本就是無賴。」

王孝豐反駁：「就算是這樣，我們也沒有損失。如果他真的願意給錢，之後我們有風洞的測試，可以避免許多設計上的錯誤，這是救了許多試飛員的性命啊！」

「但飛行展示實在太過兒戲。我們所設計的飛機是軍事機密，怎麼可以說展示就展示？讓其他國家知道我們的設計，之前的保密工作不就功虧一簣？」

兩派人始終都無法說服彼此。

＊＊＊

連續幾個夜裡，王助不知怎麼地，時常想起那晚戲臺上楚漢相爭的劇情，項羽在鴻門宴上錯放了劉邦，才會有項羽最後自刎於烏江頭。人只要做錯

了一個決定，可能導致不可收拾的後果。王助度過了反覆難熬的數個夜晚。

直到李將軍給的時間限期，他依舊沒能說服自己答應李將軍的要求。

「王助就是拿學生的命，為他可笑的航空事業尊嚴當墊背。」王孝豐憤恨地說。

「我們向你保證，未來一定會更加嚴謹測試後，才找人試飛。」在巴玉藻和曾貽經的保證下，王孝豐才按捺住質疑與不滿。

7

　　這日晴空萬里，藍天裡不參雜一點白雲的蹤跡。測出的風向和溼度，都在可以飛行的範圍之內。但呼吸的空氣中，卻暗藏著溼鬱之氣，伺機而動。

　　這是甲型一號第 100 次的例行性飛行測試。所以一眾學生早就把甲型一號從機棚推到江岸邊，等著老師們確認過，就要下水測試飛行。

　　今日的試飛員是林鴻遠。他在選擇科系時，進入到飛行實作的專業領域。成為甲型一號的試飛員，是馬尾學校眾學生的夢想。當林鴻遠的名字出現在試飛員名單當中時，他第一時間跑去告知孝豐老師，證明自己努力學習的成果。他終於能夠代表飛機工程處，試飛老師們所設計的飛機。

　　林鴻遠不知在夢裡經歷過多少次試飛的場景，如今終於從夢裡走出來。

　　當飛機由地面拖入水中之時，江面上激起巨大的浪花，濺得眾人全身溼透。

他興奮地爬上甲型一號的駕駛座上,看著手邊的操作器,終於獨當一面飛行。剛握住方向桿的手,還有些顫抖。他按照平常學習的操作方式,順利開啟各種機關。

　　「起」,他大喊一聲。

　　沉在水下幫忙拉木桴的同學,紛紛放開雙手。開啟螺旋槳後,機身便往前滑動,緩緩地滑離水面。而機後方激起的漣漪,擴散到岸邊。

　　機身向上挺進,林鴻遠不忘俯身與地面上仰望的同學與老師揮手,並帥氣的向港區航標羅星塔*致意。

　　站在岸邊的老師與學生們,看著飛機已經完全消失於天際的視野外,聚集的人潮久久未曾散去。

林鴻遠此時已經平順在天空遨遊，聽著耳邊的呼嘯聲與螺旋槳切風的噠噠聲，合作無間。風與雲從他的機身邊溜煙而過。他終於等這天到來，從前那些熬夜讀書、苦苦練習操作的日子，反而變得不真實。

　　他飛得高、視線變得長遠，發現正前方有一大片烏雲匯聚。前方的雲層中，不斷有閃光射出，倏忽即逝的雷電，氣勢萬鈞從厚重的雲層中探出頭，一閃一閃照亮濃密的雲朵。他驚覺不妙。

　　先是磅礡的雨勢衝著林鴻遠而來，接著豪雨列車更是失速朝往起飛的岸邊駛去。

　　岸上的同學與老師，大夥也被猛烈的雨勢沖得鳥獸散。此刻只有王孝豐打著傘，站在岸邊，痴望著林鴻遠飛去的方向。

---

* 羅興塔為福州馬尾港區一宋朝時期的古蹟，是早期供水手定位的航標。

林鴻遠想應該要把飛行高度往下降，以防被雷打中。但將飛行高度降低後，才發現方向控制器已經鬆動，機身不受控制，急急地墜降。任憑林鴻遠如何拉動方向桿，都無法控制飛機。林鴻遠緊急排除錯誤，但皆無效果。

　　他決定實施最後手段，跳傘逃脫。

　　人落下後，拉開的傘面在空中撐成大香菇。怎料跳傘材質防水效果不佳，剛好此時，雨勢襲來，空中變成一道道瀑布。跳傘吸了水後，載水的傘面變得無比沉重，毫無漂浮效果。

　　多日過去，全校派人到處搜尋，卻只找到墜落的飛機殘骸，始終沒有林鴻遠的消息。

　　按捺不住火氣的王孝豐，衝進辦公室，一把揪起王助的衣領，怒吼：「你的航空理想可真高尚，林鴻遠的命又幫你添墊腳石了。」巴玉藻、曾詒經兩人正要湊向前，王孝豐的拳頭已經落在王助的臉上。

　　王助腳步踉蹌，被打倒在地上，伸手摀著熱辣辣的臉頰，嘴裡泛出鹹腥味。

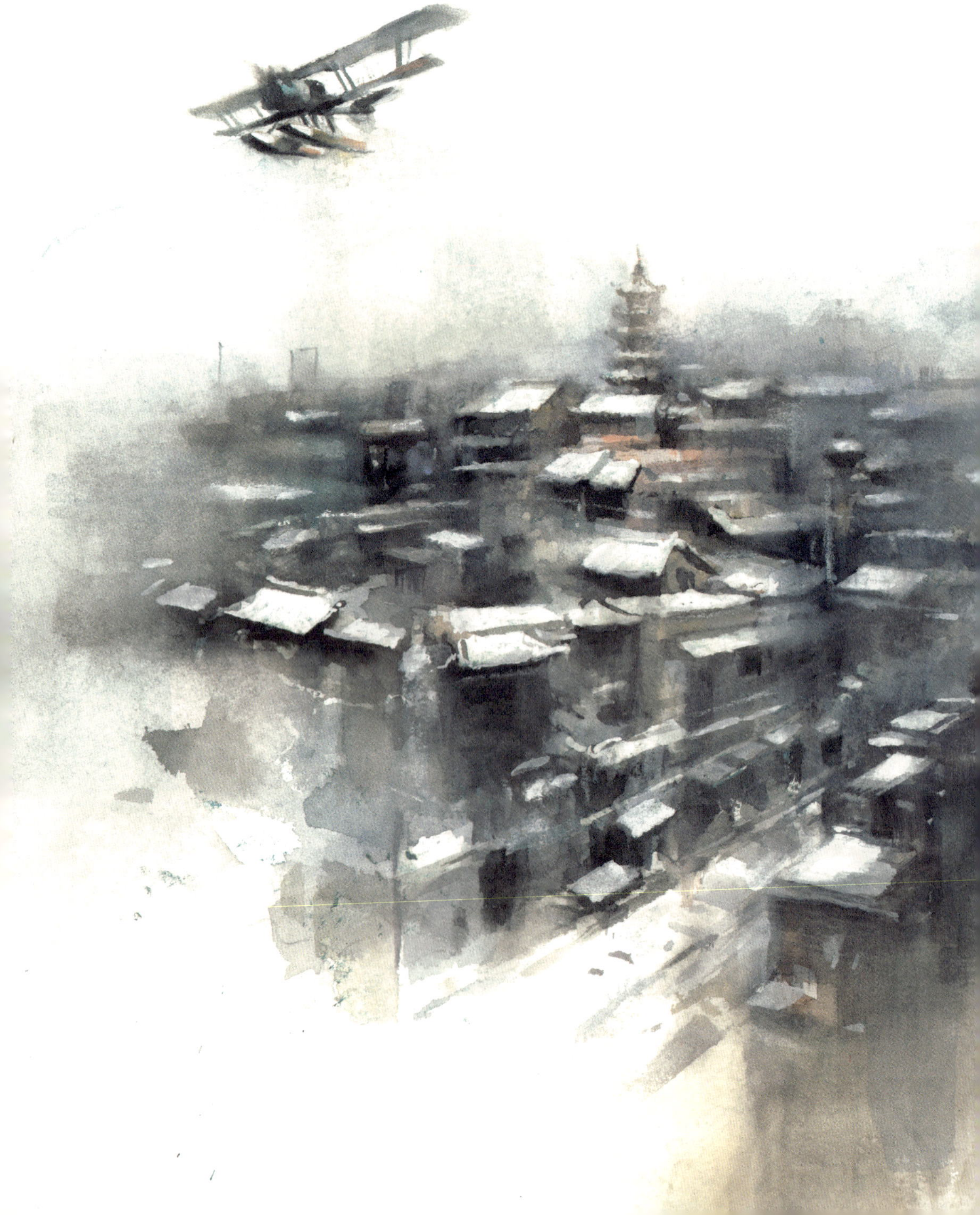

王孝豐還不罷休，再次揪住王助的領口。巴玉藻想要拉開兩人，怒吼道：「王孝豐你發什麼瘋？這幾天大家都沒睡好。」

　　王孝豐睜著布滿血絲的雙眼，瞅向巴玉藻：「這就是你的保證？會嚴格把關才讓學生去試飛。你們都是共犯！」

　　王孝豐回過頭，望向王助，想對倒在地上的王助繼續揮出重拳。巴玉藻見狀擋在兩人之間，而這一拳直直落在巴玉藻的鼻梁上，巴玉藻吃痛，頭一陣暈，鼻腔內一陣潮溼。鼻血滴滴答答在地上，蓄積成一片沼澤。

　　本躺在地上的王助，還在頭暈目眩，突然看到巴玉藻被揍，一股怒意從喉頭湧現。他從地上爬起來，衝向王孝豐，打算認真比拼輸贏。

　　這時辦公室裡的其他人，看到巴主任血流不止，王孝豐與王助兩人還要再打，大夥才衝向前，把二人架開。

　　「王助沒去飛，這是大家的決議。我們怕軍事

機密洩漏，不能都怪他。」巴玉藻搗著鼻子，吃力地試圖說些什麼。

被眾人束縛著的王孝豐，先是嘶喊、咒罵。他身體頓失支持，彷彿下一秒隨即會倒下。王孝豐用乾啞的聲音夾雜著淚水，喃喃問道：「這就是你們的保證？會嚴格把關才讓學生去試飛？」

這幾日對王孝豐而言，晝夜無分。一樣黑暗、同等漫長。

「要是當初我跟王助下跪，求他去飛，有了風洞建設，是不是一切就會不一樣？」

幾個問題，縈繞在王孝豐的心上。自責、懊悔，想怪罪他人，卻又無能為力。

校園裡的一草一木，都讓他想起那些死去的學生。在走廊、在宿舍，都會看到他們的身影。王孝豐一度覺得他們沒死，或者回來看他。抑是自己精神失常？也可能真的瘋了？他不太確定。

但確定的是，王孝豐身體又病垮了。巴玉藻放了王孝豐三個月的長假。

沒想到他剛休假回來，便遞上辭呈。

＊＊＊

「孝豐，你還是要離開嗎？」巴玉藻坐在辦公室的座位上，曾貽經也站在一旁。桌上擺著王孝豐辭呈的公文。

「你要不要再想想？再休息一個禮拜呢？」他倆已經勸說了一個早上。

王孝豐轉頭瞅向王助，王助坐在辦公室的角落，翻閱手上的報紙。他只見王助漠然的背影。王孝豐面無表情地說：「這段時間給大家添麻煩了。」

當王孝豐走出辦公室後，學生們湧上來，臉上盡是不捨得，大喊：「老師不要走。」王助坐在辦公室，躲在報紙後面的雙眼慢慢泛潮。

有段期間，飛機工程處的眾人士氣低迷，特別失落，像是拼圖缺失最重要的那塊，原本美好的藍圖就要毀壞。

8

　　1926 年地方軍閥割據、伺機而動,每個人都有自己的盤算。容易擦槍走火。

　　蔣介石大致統一南方勢力後,宣布北伐。駐閩的海軍第一艦隊司令兼閩廈警備司令陳季良下令,所屬的砲艦和海軍陸戰隊協同作戰,支援北伐軍。飛機工程處的立場跟著轉向,從由接受資助轉向對抗北洋政府。

　　海軍飛潛學校新生開學,王助帶著一群青澀的學生,一邊逛組裝機棚,一邊介紹目前研發趨勢。

　　「我們在機艙前後設有可以安放機槍的射擊艙口,可裝備機槍。以便防禦敵機的攻擊。」

　　「飛機載重也會越來越重,爬升速度必須加快。」

　　「未來新型的飛機,會加大放置炸彈與魚雷的空間。」

　　孩子們從未親眼見過這些大鳥,每每走經一

處，皆聽到竊竊私語連著驚呼。

同年，直系張毅的軍隊到達烏龍江試圖渡岸時，巴玉藻和王助出動剛研發出的水上飛機江鸛號助戰。雖然飛機轟炸沒有造成重大人員傷亡，卻震攝了敵軍。張毅的先鋒部隊有兩千餘人繳械投降。讓北伐戰爭的死傷降到最低。

那時閩江流域流行一道謎語，「天空飛的是大鳥，水裡飄的是鳥巢。猜一個裝置。」

＊＊＊

　　王助和巴玉藻為了解決海軍當局調用水上飛機停泊和修護的困難，設計出世界獨一無二的浮動廠棚（水上機庫、浮塢）。

　　其中原理為打水進入儲水區，使整個浮動廠棚下沉。讓廠棚內或外的飛機順利浮於水上，然後以拖或推的方式將飛機送到廠棚內或外的水面上，方便進出。再用泵浦將儲水區的水抽出，廠棚再度浮起，超過水面，確保可以進行維修等工作。

　　當浮動廠棚出現在閩江之上時，岸邊擠滿大批圍觀民眾，前所未聞。

　　飛機從鳥巢滑出湖面，螺旋槳快轉把水面激起陣陣漣漪，餘波擴散至湖岸兩旁，強勁風勢，吹得四處亂竄，大鳥起飛。站在岸上的眾人，雖然頭髮被吹得七零八落，卻也吹起情緒的浪潮，頻頻拍手道好。

9

日本怕自己在東北三省的利益會因中華民國統一而受損，1927 年日本首相田中義一與蔣介石密談，在密談結束後，蔣介石在日記中寫道：

「綜合今日與田中談話之結果，可斷其毫無誠意，中日亦毫無合作之可能，且知其必不許我革命成功；其後必將妨礙，我革命軍北伐之行動，以防止中國之統一。」

蔣介石與日本協商破裂。此時靠著日本扶持的奉系軍閥張宗昌，在與北伐軍對抗的過程中不斷敗陣。於是日本決定自己出兵，阻撓蔣介石的北伐行動。

1928 年 4 月，山東青島清晨發車的例行火車，在濟南城靠站。

那天霧氣很重，濟南城明明是豔陽天，卻透不出任何光。從火車上下來的不是民眾，是大批大批的日本軍人。從這時起，濟南城中陸陸續續湧入約

五千名日本士兵，他們開始修建堡壘與堆疊禦敵沙包，架設機槍大砲。駐紮山東濟南。

日軍還派出八八偵察機在山東省的上空，來回盤旋，想要窺得北伐軍的軍事線索。它在飛行時，高空水平飛行穩定，空中的迴旋反應力敏捷迅速。

就在5月3日上午九點左右，北伐軍一名士兵因患病被送往基督教醫院治療，卻遭到日軍士兵攔下，由於語言不通，發生爭執。日軍士兵開槍打死北伐軍的一名士兵。

同時，日軍在魏家莊向正在張貼標語的北伐軍士兵開槍，造成數人死傷。日軍還突然向駐紮在附近的兩個軍營展開攻擊。由於當時北伐軍的團長、營長正外出開會，造成兩個營傷亡慘重，其中第二營幾乎全軍覆沒。

十點半時，有一個日本人在隆昌洋行附近，想通過第四十軍防地，遭到四十軍士兵阻止，雙方發生衝突。各處日軍士兵聽到槍聲後陸續開槍，便展開屠殺中國市民和軍人。中午之後已經槍聲密集，屍體滿街。

當日，他們陸續殺害濟南城裡的居民軍人一萬一千餘人。闖入交涉署，把外交官蔡公時凌虐致死，其餘十七人也都遇難。蔡公時死前大聲斥責：「日本強盜禽獸不如，此種國恥，何時能雪恥？野獸們，中國人可殺不可辱。」此事造成國際震驚。

日本官方謊稱：「國民革命軍先對日本僑民進行搶劫、強姦、屠殺等行為，日本只是為了阻止北伐軍殺害無辜的日本僑民。」

* * *

「可惡的日本，做出這麼無恥的事，還這麼無賴。」海軍飛潛學校的學生拿今天的日報，坐在校園裡的涼亭裡，談論濟南發生的事情。

「我們只是要求日本道歉與賠償，國際為什麼都不承認？」報紙怎麼翻，都是各方談論著五三事件。中國貧弱的氣勢，隨人宰割的處境，兩人越看越火大。

「誰叫我們有多個政府，北京是張作霖，南京是蔣介石、汪精衛。根本沒人能代表國家去談

判。」

巴玉藻此時匆忙走過走廊，兩個學生急忙放下報紙，起身向主任行禮。但巴玉藻無心打招呼，速速轉入辦公室。

他才一進門，腳跟還未踩穩，急著對大家說：「各位我打聽到，那臺八八偵察機最高空速已經可以達到220公里。」大家立馬放下手邊工作，湊向前關心。

「全武裝重量達2,800公斤！」大家聽到無一不心驚，這可是飛機工程處最近研發機種的一倍多。

「沒想到日本已經可以自行研發到這種程度」，一時之間，辦公室陷入沉默，大家心頭被繫上巨石，沉墜入海底深處。

「聽說是川崎工業找德國理查・伏格協助他們設計。」

「原來是他。而且八八偵察機它的迴旋能力也不錯⋯⋯」王助若有所思說道。他們知道與日本在設計研發上有些許差距，但卻沒料到是如此巨大。

「想當初還在英國留學時，日本當時的航空技術，我們根本不放在眼裡……」王助想著。

經歷一天沉澱，竭力擦乾絕望。王助向眾人喊話：

「面對現實吧。恢復到研發的軌道中。喔不！現在我們必須急起直追。」

後來幾個月，巴玉藻、王助和曾詒經常常住在飛機工程處裡，每天幾乎睡不到三個小時，苦思著如何在僅有的材料裡，把飛機的性能發揮到最大。

一天他們埋首於鐵磬場裡測試材質的曲度。王助專注的思緒突然被一聲大吼打斷，只聽到一旁曾詒經叫著：「孝豐?!你是孝豐嗎？」

王助順著方向看去，只見來人身上的長袍馬掛，已經補到看不出原來布料顏色。蠟黃肌膚上長出斑斑皺紋、身形清瘦佝僂，很是陌生。直到來人對他們咧嘴一笑，這才在眉宇間找到淡淡的親切感，令人感到既熟悉又生疏。曾詒經激動得向前擁住他。王孝豐露出有點不好意思的神情。

「孝豐你都去哪了？你離開後，我給你寫了好多信，你都不回。我們還去你老家找你，但你姥姥

說你出外遊歷，他們也不確定你的行跡。」

經歷世事滄桑的王孝豐，張嘴就是一口黃牙，說：「這幾年，我確實都在四處走走看看，就是想更貼近百姓的真實狀況。」

「看得出來，你吃了很多苦。」曾詒經把雙手搭在王孝豐粗糙的臉龐上摩挲。

「我不苦，中國的百姓比較苦。現在各省都鬧飢荒又賦稅重，糧食都被徵召去當軍餉。要是戰爭不停，不知道國家這些苦難，何時才能結束？」

還未看到人，便聽到廠外傳來聲音：「孝豐回來了？孝豐在哪裡？」

從廠外狂奔進來的巴玉藻飛奔而上，直接跳躍騎在王孝豐身上，王孝豐支持不住，踉蹌一邊。

巴玉藻說：「聽守衛說你回來了，我本來還不相信……是真的。」

四人環抱著彼此的肩膀，久久不能自已。

王孝豐抬頭正眼注視其他三人：「你們都沒變，只有我變醜了。」

「你不要亂說！」

「這幾年我看到很多，也想了很多。唯有富國強兵，增強國家的軍備實力，趕走外國勢力，百姓才有可能過上幸福的日子。所以決定回來，不知道你們這裡還缺人嗎？可以讓我出一份力嗎？」

「這是什麼話！我們一直在等你啊。」

「回來就好、回來就好。」幾人欣喜地同聲說道。

飛機工程處四傑再度歸位。

他們擇日不如撞日，決定就在今天正式結拜為兄弟。雖然沒有繁雜的歃血為盟之儀式，但四人向著相同的目標，目光灼灼、結伴同行。

巴玉藻更將最小的兒子，過繼給膝下無子的王助夫妻扶養。

10

　　北伐最終勝利，全國大致統一底定，國民政府在南京成立。

　　在五三慘案之後，日本藏掩不住侵略的野心，一場大戰是箭在弦上，不得不發。

　　暗夜裡，月光流轉，飛機工程處的燈火依舊通明。剛過秋分的福州馬尾，雖然沒有北方寒冷，但是潮溼的空氣，使得體感溫度更加冷冽刺骨。

　　裡面的人已經三天沒有闔上眼睛，這是改良飛機製造的最後階段。組裝完成後，早上就要測

試飛行。

　　新設計的飛機大幅度增加載重數，並且延長飛行的里程，目標在維持最輕量化的前提下，完成任務。

　　王助知道與日軍正面交鋒，免不了海戰與長程飛行，所以裝置魚雷是必備。這個機型的駕駛艙在機翼後方，雙座並排，可以仰望天空。駕駛艙背後有砲手艙，以防後方居高襲擊。王助設計將兩木桴撐柱分開，中間沒有橫柱，以免妨礙機身下放置魚雷。除了採用鋼管、鋼件結構外，其餘一概不用鋼線、鋼件。機身用四杉木小方梁和多種杉木撐柱構成，撐柱與梁銜接處，用兩層樟木片交連，不但省料，還免去時時調整鋼線牽引力的工夫。

　　巴玉藻提著眾人的消夜走進工廠，大家專注自己手邊的事，沒有發現巴玉藻已經走到後方。王助坐在一旁看設計圖。旁邊茶几上放著那頂巴玉藻當年送給王助的飛行軟帽，但因為使用多時，古銅色幾乎褪成淡茶色，皮面磨耗嚴重，龜裂大片。內襯的兔毛並不柔順，結成一縷一縷。歷盡滄桑。

巴玉藻偷偷拾起那頂飛行帽，套在王助頭上。王助嚇一跳，瞬間抽回正在撓頭髮的手。

「在想什麼？不是已經在做最後組裝？」巴玉藻問。

「⋯⋯唉玉藻，要是⋯⋯。」

「你又來了，不是說就是盡人事嗎。」

「但這次幾乎已經傾盡工程處上下的洪荒之力，要是還是沒起色⋯⋯你還會相信我嗎？」

巴玉藻把手搭在王助肩上，「哪一次，我不相信你？」

「你知道嗎？當年我還是很窮，去裝備店逛，看到這頂羔羊皮的帽子，就直覺跟你很配，但是身上又沒太多錢。」巴玉藻說。

「那怎麼辦？」

「我把那件山羊皮夾克當掉，才換到這頂。」王助戴在頭上的飛行帽，有點歪斜，巴玉藻順手幫王助把飛行帽拉正。

「難怪回國後，再也沒看過你穿那件外套。」

這一宿大家都沒合眼，一直等待到天亮。長夜漫漫，因為有彼此，就算待在冷冽低溫下，才不覺得難熬。

※ ※ ※

清晨江面上的霧氣蔓延開來。秋天的蕭殺氣，讓一旁的朴樹葉不再鮮綠，透出黃褐脆弱的質地，幾人才站在岸邊一會兒，冷風颳著臉頰如刀割。大家合力把新組裝好的機體拖到湖邊。

1928 年 9 月 25 號，天氣陰時多雲，吹東北風。溼度……

報告天氣的聲音在一旁唸唱，另一個學生手拿紀錄板，邊聽邊記錄。語畢，大家不約而同抬頭看向高掛於天際的太陽，冬日的太陽耀眼卻不毒辣，但大夥兒還是不自覺地瞇起眼。

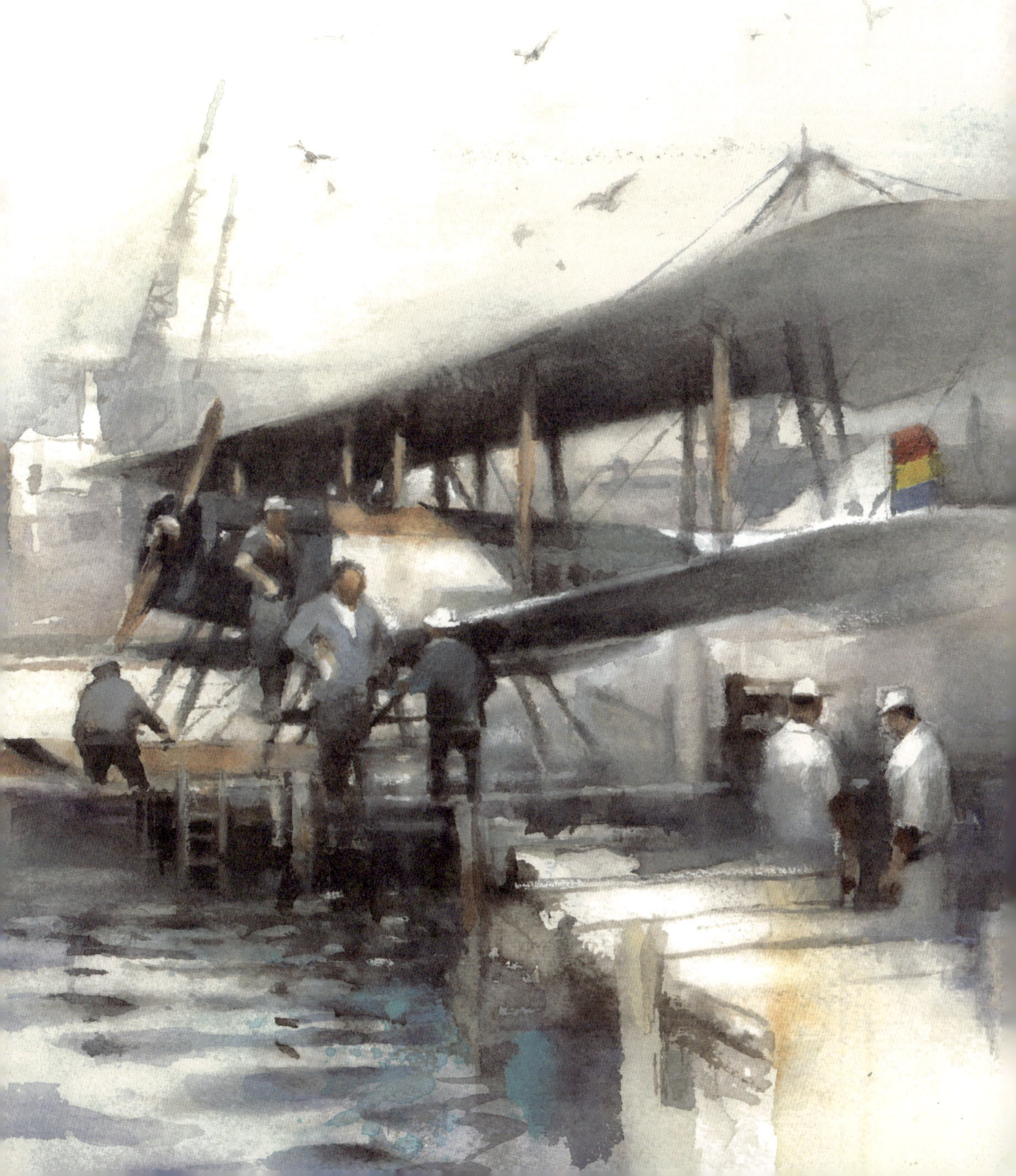

今天試飛員為教練官薩克曼與學員張學安。

飛機才剛剛駛離岸邊，離水百餘尺高時，尾翼硬生生地斷裂，飛船從尾部最先栽入水底，像是從江裡伸出一隻隱形的怪手，把飛機拽入水中。

「快快，趕快救人。」站在岸邊的王助急奔大喊。為了要更快叫喚在岸邊待命的威鳳、祥麟小汽艇，他強行穿越江邊的朴樹林，強壯的樹幹末端如尖錐，低矮的高度剛好把王助頭上的飛行帽被勾破大洞，內襯兔毛畢露。王助劃傷，見紅流血。

大家乘船到江流打撈救人，先找到前座的張學安，把他從水裡拉起來，嗆到幾口水，意識還算清醒。但之後被找到的薩克曼，就沒有這麼幸運，頸椎被扭斷，已經沒有生命跡象。

這次墜機，讓飛機工程處的眾人，又陷入無底的旋渦中。想查出飛機失事的問題，卻怎麼都找不到問題出在哪裡。大家表面上依舊保持著激昂的熱情，但心頭的河岸，早已快要被絕望的急流掏空。

王助不知失眠多久,苦思惡想下還是不得其所。他已經十幾天,無故沒到飛機工程處上班。

　　曾貽經、王孝豐只好去王助家找他。

　　只見來應門的是一名蓬頭垢面、衣不蔽體的男子,兩眼空洞的他嘴裡喃喃道:

　　「難道國家的命運,就只能這樣……哈!算了吧,我根本就是沒有能力的人,憑什麼以為自己可以拯救整個民族?」眼神木訥呆滯、搖頭晃腦,並不理睬來人。

　　他倆才認出這臉上有傷的男人,是王助。

11

王助的三魂七魄已經跟著海鷹號，一同沉沒於江心，泅入黑暗不可測的深潭。

當年冬天，巴玉藻向海軍當局請命，以政府名義前往德國柏林的萬國博覽會。參訪德、英、法諸國，軍用或民用飛機。在他失去王助這個左膀右臂後，一切只能靠自己。白天參訪，晚上撰寫報告，事務繁多。但閒暇之餘，他總是拿著針線，躲在角落不知縫補著什麼。

這趟主要想找出德國人發展單翼飛機的技術，並簽下許多先進設備的訂單。打算回國後，好好地改良用於飛機之上。

巴玉藻離開柏林之後，又去英國、法國參訪。回程中經過埃及，郵輪上，他經常感覺到一名德國女子在窺視他，但他並沒有多想。郵輪又途經伊朗、印度、香港，最後回到上海，已經是 1929 年的春天。

沒想到回國兩個禮拜後，巴玉藻突然口吐白沫，全身痠痛，有時甚至還會痛到從沙發上滾到地下。漸漸地面部浮腫，儘管經過中西名醫診治，卻始終不知得了什麼病。

此時飛機工程處已經改組為海軍飛機製造處，巴玉藻繼續被任命為處長，但重要的同事均調他職。巴玉藻顧不得養病，趕回馬尾繼續把在國外遊歷、所見所聞畫下來。但他的病情始終反反覆覆，最後用重金，由上海請來法國名醫謝碧看診，經診斷後才知道巴玉藻是腦部中毒。

只可惜此時已經為時已晚，巴玉藻中毒太深。

＊＊＊

1929 年夏至才來，外面樹上的蟬鳴震耳欲聾，萬物像是快要著火點燃。隔著醫院一堵冰冷磚牆，生機都被貪婪地吸食進絕望的黑洞裡。

醫院房內，躺在病床上的巴玉藻已經臉部慘綠浮腫，一旁的夫人和巴家兒女都哭成一團。曾詒經、王孝豐帶著王助走入醫院病房中，夫人強

忍泣聲說：「可惡的德國女子！玉藻跟我說她應該是受日本人指使，才下的毒。」她忍不住開始啜泣，接著泣不成聲，兩人安撫巴夫人不成，她越哭越烈，最後換不過氣，昏厥過去。巴夫人與年幼的兒女們跟著護士，一同離開病房。只留下三人與巴玉藻在病房中。

王助眼神呆滯，嘴邊的鬍渣發了芽，困在自己所吹出的透明泡泡世界裡漫遊。其餘兩人靠到床邊，王孝豐看到床上懨懨的巴玉藻，最先啜泣。

巴玉藻早已神智模糊，但依舊能感覺到兄弟們來探望他。他勉強撐起精神，發顫地抬起手，像是揮手打招呼，又像在道別。

「……抽屜……」巴玉藻用氣音說。

曾詒經走近一旁的矮櫃，打開抽屜，看到一張張畫到一半，擺放整齊的飛機設計手稿圖紙。他抽取幾張，放到巴玉藻手上。巴玉藻辛苦地從嘴裡吐出：「之後就交給你們了。」

幾人還想跟他說些什麼，但他已經閉上眼瞼。

用盡僅存的氣力，嚥下最後一口氣。手無力支撐，直直地下墜，手上的稿紙像是冬日落下的雪花，飄零落地。

「醫生，醫生在哪？」曾詒經嘶吼著，連滾帶爬衝出病房。

王助彎下腰伸手撿拾稿紙，眼淚垂落，稿紙接住他滴下的淚水而染溼。紙面上用鋼筆墨水繪製的線條，被渲染開，像春曉初綻開的花蕊。他還在抽屜的設計稿件下，看到巴玉藻送給他的飛行軟帽，上面被樹枝勾破的窟窿，已經補上長短不一的針腳，笨拙地把羊皮兩兩縫起，皮面顏色雖然已經淡如茶，但質地依舊柔軟鮮亮。裡襯的兔毛，滑順蓬鬆，就像當年剛剛收到禮物時一樣。玉藻的心意，在每個冬日都溫暖著王助。

12

「確定不能從玉藻留下的手稿研發單翼飛機？」製造飛機處設計部門的主管開設計會議。

「報告，真的缺失太多關鍵部分。我們用現有資料計算風阻係數，都降不下來。」

「那如果是提升雙翼飛機的抬升速度呢？」

巴玉藻離世後，王助經過許久才明白，少年郎們已經離他而去，世界不會再為他們燃放狂傲的煙火。他試圖不再憤恨砲彈、魚雷，不再憤恨那些致人於死地的敵人與自己。

隔年初春，太陽高掛在馬尾閩江邊的岸上，豔陽斑斕、萬里無雲，把水面反射的閃耀星熠。江口兩旁的河岸邊，萬物甫發芽，翠綠盎然接連到湖邊。

學生們將飛機推到江邊碼頭，準備下水。這次是由王助坐上駕駛座，曾詒經

隨側，由他兩人來測試己型雙翼雙桴水上教練機（江鴻號）。這是戊型機種的進化版，配以 165 馬力之旋風發動機，增高速率及航程，以應高等教練之需。尾翼角度在空中可以調整，使飛行時，首尾輕重得以平衡。

王助在啟動發動機前，不忘把頭上的羔羊飛行帽拉正戴好。這麼多年過去，這頂飛行帽從來沒有缺席他的任何一場飛行過，今天當然也不例外。

水面因為螺旋槳轉動，泛起層層波紋，一圈圈擴散出去。兩人的身體跟著機身向上爬升，懸於半空。王助猛力拉抬助升器，瞬時飛機頭俯仰快速爬升。比起從前的爬升速度，明顯快了許多。兩人雖是飛行老手，但沒想到這次改良的結果，竟然比想像中還好。心臟和靈魂狠狠地被甩出身體之外的既視感，那是王助青年時，第一次搭上 Adams 飛機的感受。

前方低空不知何時有一團黑雲正在聚集，兩人緊張屏息，待穿越後，本來僵硬的身體再度回到舒適的坐姿。飛機不知不覺中，已經爬升到雲頂之上。

王助和曾詒經此時，幾乎看不到陸地上的人們。他們還不知道地下的計時人員，早已興奮地抱在一起，揮旗歡呼，因為這次的飛行測試，已經刷新從前多個紀錄，飛機直衝雲霄。

　　雲淡風輕後，眼前開闊的視野，把許多城市、山岳、河川收入眼底。飛機在藍天中高速飛行。由於發動機排出的炙熱廢氣在空氣中冷卻時，會迅速凝結形成微小水滴，使得飛機尾部拖拉出一道純白色的凝結尾*。

　　在湛藍的天空襯托下，他們飛行的軌跡被深刻地烙印在馬尾的上空。

　　這趟飛行的終點是武漢，是海軍製造飛行處航程最長的一次飛行。只要成功到終點，即會刷新航程紀錄。

　　王助和曾詒經心中的設計草稿，不厭其煩地擦掉重繪，設計藍圖的輪廓越加清晰，四傑年輕時立下的誓言，在一次次的測試、失敗中兌現。

他們想著，就算往後時局有多麼詭譎多舛，只要能同心齊力，臉面同朝一處。只要他們手裡還能握著設計筆桿與飛機的方向桿，就可以繼續乘著風，載著夢想，穿過雲迷霧鎖，等待碧空如洗的時節。

兩人相視而笑，他們擔負起海軍製造飛行處眾人、與千千萬百姓的期盼，但舉重若輕。

在這動盪時代捲起的狂風，正悄然在他們手中被馴服，捏塑成形。

* 凝結尾：Contrails，別稱飛機雲、航跡雲或機尾雲，噴氣式飛機的引擎會排出高溫廢氣，在空中冷卻的時候會迅速凝結成小水滴，看起來就像是飛機拉著雲在飛。

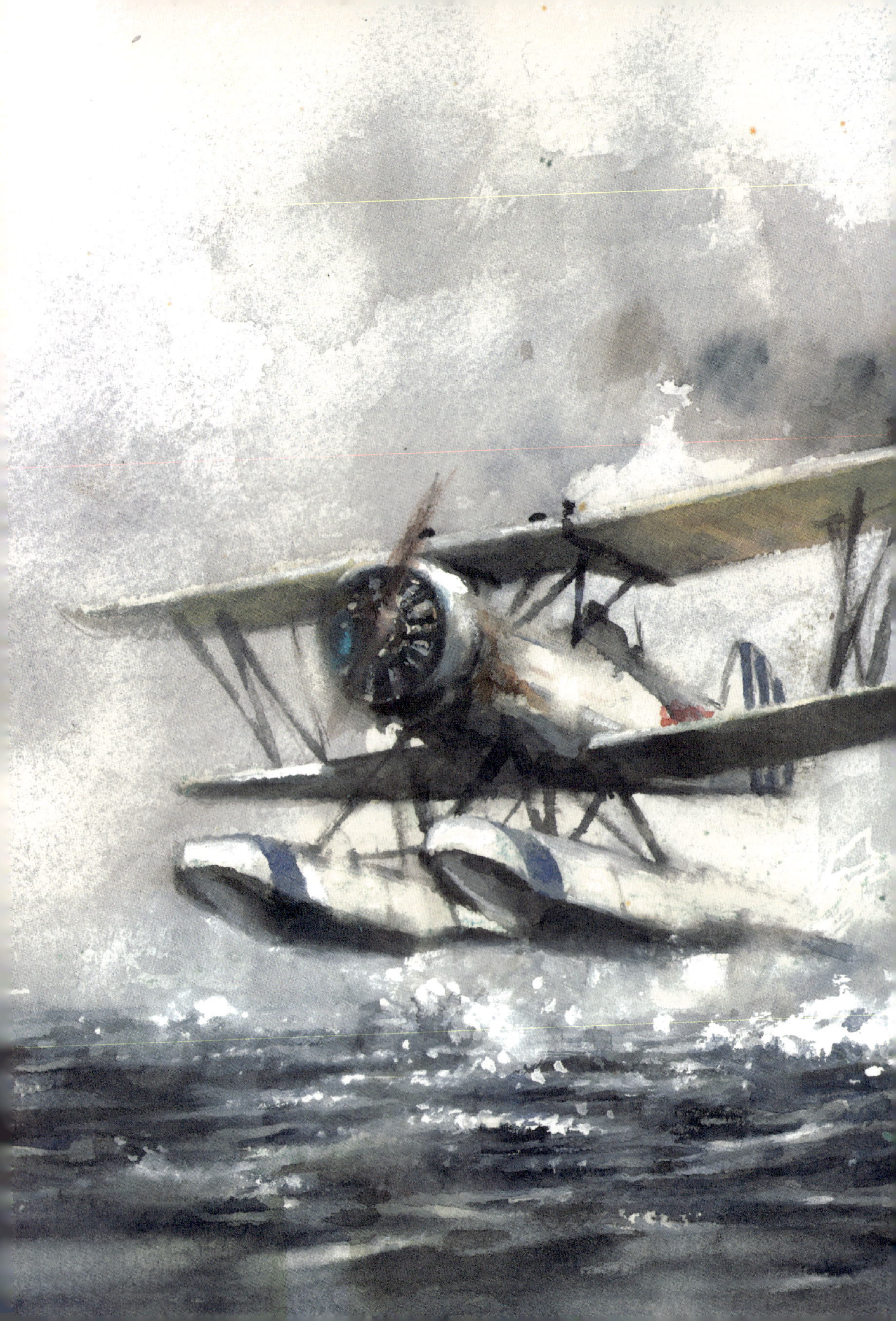

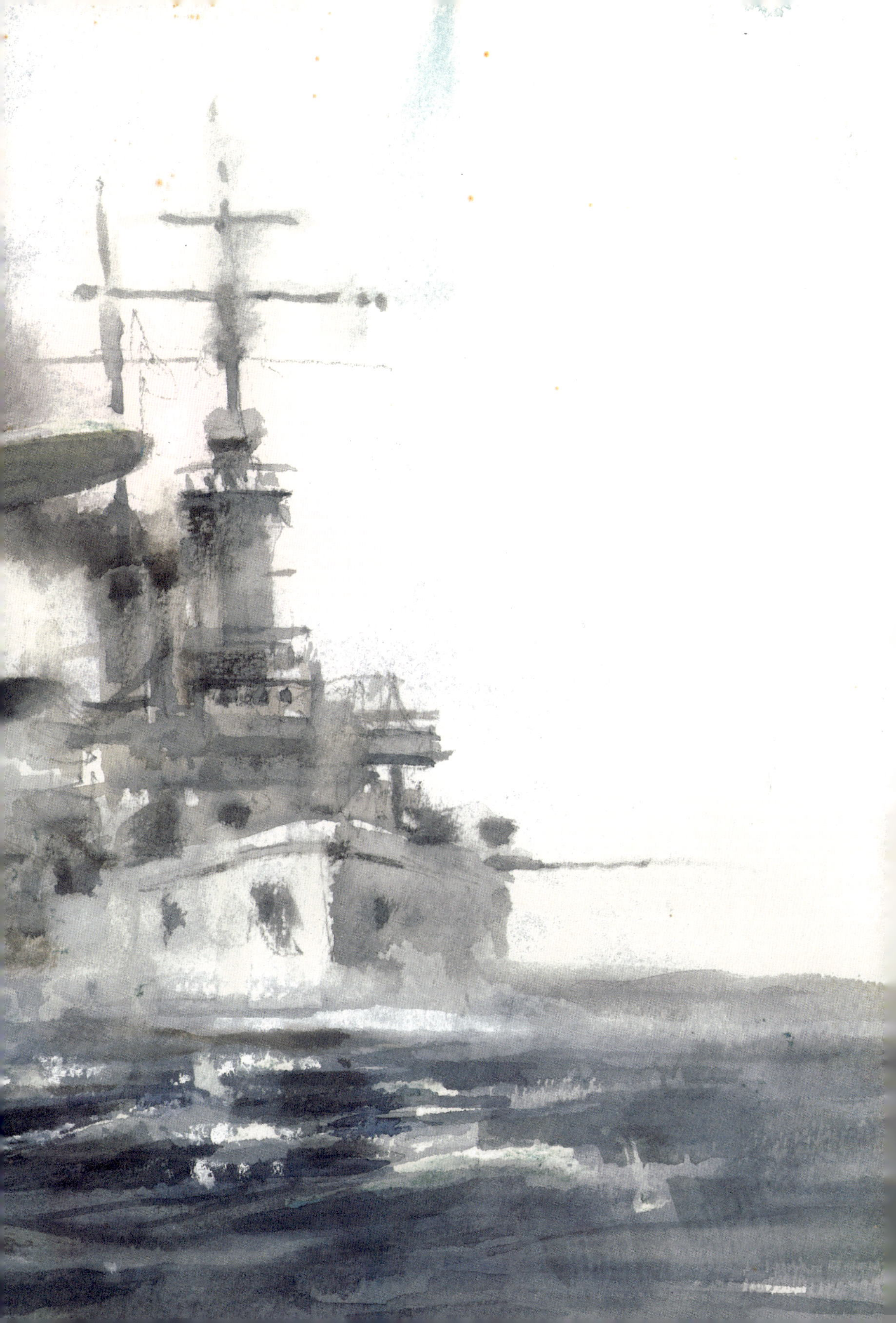

飛向雲端的旅程

- 王助是誰？　　　　　　　　　　　　　　　　　　　083
- 開創中國航空製造的四位系統工程師
　　　——王助、巴玉藻、王孝豐、曾詒經　　　　　　084
- 王助研製飛機年表　　　　　　　　　　　　　　　　085
- 溫德米爾之翼——帶巴玉藻與王助去飛的人　　　　　096
- 溫德米爾的翅膀——被遺忘的水上飛行發源地　　　　097
- 從高空看見的福州馬尾造船廠
　　　——來自黑貓中隊的空照圖　　　　　　　　　　098
- 王助與中華民國的航空發展歷程　　　　　　　　　　099

失落的 CXP-1001 噴射戰機計畫（1946 年）

王助是誰？

王助，字禹朋，清德宗光緒 19 年、民國前 19 年（1893 年）9 月 16 日生於北京。

1909 年被清廷選拔赴英國深造。英國德蘭姆 Durham 大學阿姆斯壯工學院機械工程學士畢業（1912-1915）。美國 MIT 航空工程碩士畢業（1915-1916）。

1916 年，受聘為太平洋航空產品公司（1917 年改名為波音飛機公司）第一任航空工程師，他在原先 B & W 型飛機基礎上改進，設計出了 B & W-C 型水上飛機（Model C），使得波音飛機公司獲得第一筆美國海軍 50 架水上教練機訂單。

後辭去波音職務，1917 年 11 月與同樣學習航空工程的巴玉藻、王孝豐等留美同學結伴回國效力，為中國航空工業建立系統工程，成為中國航空工業的奠基人之一。

王助在西雅圖的便裝照。
（王鍾英捐贈／國立成功大學博物館提供）

馬江海軍製造飛機處。

開創中國航空製造的四位系統工程師
——王助、巴玉藻、王孝豐、曾詒經

1917 年 11 月，王助、巴玉藻、王孝豐與在寇提斯學習發動機的曾詒經 4 人回中國。

1918 年，福州馬尾海軍飛機工程處成立，巴玉藻擔任處長，其餘 3 人為副處長，他們都是中國海軍製造飛機的先驅，在經費不足、設備簡陋陳舊、政局動亂的困難條件下，於 1919 年 8 月共同完成第一架水上飛機「甲型一號」，其飛行效能不亞於當時歐美生產的飛機。

依據曾詒經對福州馬尾製造飛機的回憶：

萊特兄弟與寇提斯製造飛機，僅僅依靠實際經驗來設計，並無高深理論。直到麻省理工學院畢業兩班學生，各廠如寇提斯、波音、萊特、道格拉斯等才有科學理論的設計。當時美國這類人才不多，巴玉藻等被美聘為航空工程師。

經此實踐，他們有了很好的基礎，都抱為國開廠造機的理想，要與歐美並駕齊驅。

1935 年，王助推薦錢學森至母校麻省理工學院航空工程系就讀

王助研製飛機年表

　　1916 年正值大戰時期，美國海軍需要大量教練機，麻省理工教授韓瑟克推薦王助至太平洋航空產品公司（波音公司前身），設法改良 B & W 水上飛機，利用了他在風洞數據分析方面的專業知識改良設計的 Model C 型機，就是隔年 1917 年 4 月成功售予美國海軍 50 架水上教練機，也成為了波音公司第一張美國國內產品訂單，促使其重新組建為波音飛機公司，並從華盛頓州聯合湖搬遷至同樣位於華盛頓州杜瓦米甚河的前造船廠。*

波音公司（太平洋航空產品公司）／水上飛機 -C 型，1916-1917 年。

*　資料參考：《成功大學新聞》，〈波音 Model C 試飛成功滿百年　復原機成大展示〉。

福州馬尾造船廠時期

甲型一號雙桴教練機（1919 年 8 月）

動力：寇蒂斯 CX5 型發動機 ×1、100 匹馬力
尺寸：高 3.88 m、長 9.32 m、幅長 13.70 m
最大時速：126 km/hr
飛行高度：3,690 m
滯空時間：3 hr
續航力：340 km
載重量：1,063 kg（成員 ×2 + 炸彈 ×4）

TOWARD
THE UNKNOWN

乙型一號雙桴水上教練機（1922 年 11 月）

動力：豪爾斯考特發動機 ×1、100 匹馬力
尺寸：高 3.88 m、長 9.20 m、翼展 11.49 m
最大時速：130 km/hr
飛行高度：3,440 m
滯空時間：3 hr
續航力：360 km
載重量：1,050 kg（成員 ×2 + 炸彈 ×4）

丙型一號雙桴水上轟炸／機魚雷轟炸機（1924 年 4 月）

- 動力：勞斯萊斯型發動機 ×1、350 匹馬力
- 尺寸：高 5.06 m、長 12.3 m、翼展 17.67 m
- 最大時速：165 km/hr
- 飛行高度：3,660 m
- 滯空時間：6 hr
- 續航力：850 km
- 載重量：1,950 kg（成員 ×6 + 炸彈 ×8 + 機槍 ×1 + 魚雷 ×1）

戊型三式與麻省理工學院航空工程第二期畢業生，中間左起曾詒經、巴玉藻、王助，3人獲得航空工程碩士學位。

戊型三號雙翼雙桴水上教練機（1927年9月）

動力：布里斯托爾發動機×1、100匹馬力
尺寸：高 3.75 m、長 7.82 m、翼展 10.80 m
最大時速：130m/hr
飛行高度：2,970m
滯空時間：3 hr
續航力：390km
載重量：930kg（成員×3 + 炸彈×4）

丁型海鷹二號雙桴海洋巡邏飛船兼魚雷轟炸機（1928 年 6 月）

動力：勞斯萊斯型發動機 ×1、350 匹馬力

尺寸：高 5.29 m、長 21.95 m、翼展 14.06 m

最大時速：177 km/hr

飛行高度：4,900 m

滯空時間：6 hr

續航力：900 km

載重量：2,430 kg（成員 ×6 + 炸彈 ×8 + 機槍 ×1 + 魚雷 ×1 + 機砲 ×1）

TOWARD
THE UNKNOWN

己型（江鴻）一號雙桴教練機（1930 年 8 月）

動力：萊特 J6 型發動機 ×1、165 匹馬力

尺寸：高 3.78 m、長 8.29 m、翼展 10.98 m

最大時速：177km/hr

飛行高度：4,800m

滯空時間：8hr

續航力：1,230km

載重量：1,168kg（成員 ×2 + 炸彈 ×4）

091

航空研究所時期

　　受戰時沿海封鎖、成都廠區地形、資源匱乏等航空材料限制，副院長王助與工程師們僅能以當地竹、木材料，仿製或研製來製造原型機，以保持航發實作能量。

　　機身部結構以竹、木等複合材料製成，只有副翼和襟翼採用鋁合金結構，研教三型更有前衛 V 行尾翼。這在當時是世界上前所未有的先例，在中國航空史上乃至世界航空史上都是一種大膽的嘗試和創舉。

研轟三式（1942-1944 年）

動力：克里莫夫 M103 發動機、960 匹馬力 ×2
尺寸：高 3.6 m、長 12.57 m、翼展 20.33 m
最大時速：450 km/hr
飛行高度：9,300 m
★參照俄國 SB 轟炸機設計

中運一式（1942-1948 年）

動力：萊特旋風 975-E 3 發動機、450 匹馬力 ×2
尺寸：高 2.67 m、長 11.95 m、翼展 15.85 m
最大時速：344 km/hr
飛行高度：5,334 m

▲ 研教一式（XT-1）（1942 年）

動力：肯納 B-5 發動機、125 匹馬力 ×1
尺寸：高 2.16 m、長 7.2 m、翼展 8.53 m
最大時速：207 km/hr
飛行高度：4,000 m
★ 參照弗利特 1 型教練機設計

▼ 研教二式（XT-2）（1944 年）

動力：肯納 B-5 發動機、125 匹馬力
尺寸：高 2.18 m、長 7.19 m、翼展 8.6 m
最大時速：208 km/h
飛行高度：4,000 m

▲ **研教三式（XT-3）**（1945 年）

動力：萊康明 0-43-1 發動機、185 匹馬力

尺寸：高 2.16 m、長 7.19 m、翼展 8.6 m

★ 以研教二改良，因戰亂未能及時試飛。

▼ **研滑運一號運輸機（XGC-I）**

（1944-1947 年）

動力：無動力

尺寸：高約 3.8 m、長約 15 m

★ 1947 年 9 月於成都太平寺機場試飛，成果良好！

溫德米爾之翼——帶巴玉藻與王助去飛的人

亞當斯曾是勞斯萊斯的實習工程師，1911年11月25日，他在水鳥號（Waterbird）上取得了歷史性的成就，成功在溫德米爾起飛並降落。這是法國和美國以外的水上飛機首次成功飛行。

2024年9月6日和7日，重製Waterbird（水鳥）式從溫德米爾起飛。

赫伯特・雨果・聖・萊傑・斯坦利・亞當斯中校，DSC，MBE（1884 – 1965）Lieutenant Colonel Herbert Hugo St. Ledger Stanley-Adams, DSC, MBE

TOWARD THE UNKNOWN

溫德米爾的翅膀——被遺忘的水上飛行發源地

　　河流，不僅是人類文明的搖籃，更是航空夢想的起航之地。

　　在科技尚不成熟的年代，早期的飛行器面臨著機身結構和引擎推力不足的限制，陸地機場與跑道建設概念也尚未成形。此時，河流的平靜水面如同提供了航空器理想的起飛降落平臺，水上飛機的設計，它們在流速穩定的河道上滑行，承載著無數飛行的夢想，起飛迎接天空的挑戰。

　　西雅圖波音的「Ｃ型」飛機、英國溫德米爾湖的「水鳥」機型，以及馬尾造船廠的「甲型一號」，這些航空歷史的片段，訴說著飛行者的勇氣與堅持。每一次的起飛，都是對地心引力的挑戰，也是對未來的探索。

　　而溫德米爾湖，不僅是《彼得兔的故事》作者故鄉，也是巴玉藻和王助初學飛行升空的起點，近期更有復刻版的水鳥機型相關紀錄影片，讓後人知道這條河流是最初英國海軍和民用飛機的誕生地，並為後來的航空發展、飛行技術奠定了成功的基礎。

從高空看見的福州馬尾造船廠
——來自黑貓中隊的空照圖

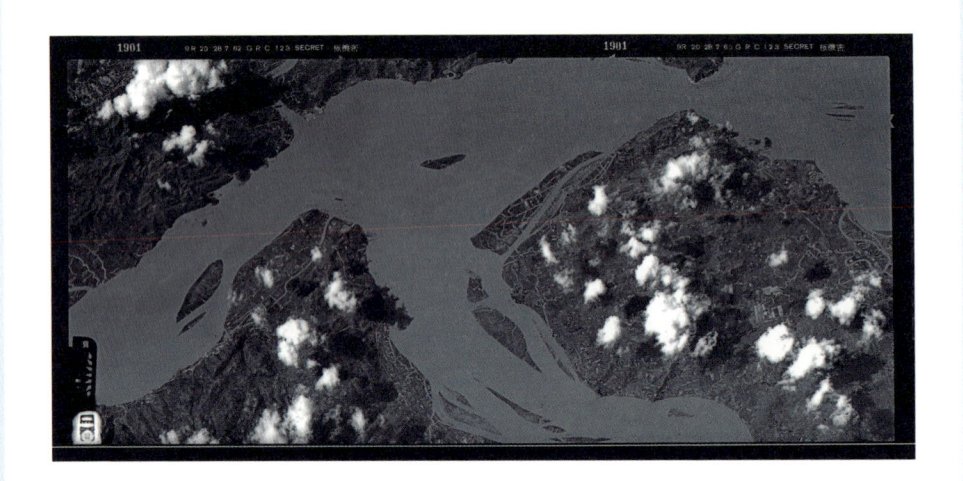

黑貓中隊王太佑教官偵照
任務 GRC-123 －馬尾造船廠

- 任務時間：1962 年 7 月 20 日 6 時
- 任務地點：中國大陸東南沿海之海岸線、上海至海陸豐間共軍各機場。
- 任務結果：順利完成，於 11 時 14 分由平潭島脫離大陸。
- 航　　程：2,051 浬
- 航程時間：5 小時 48 分

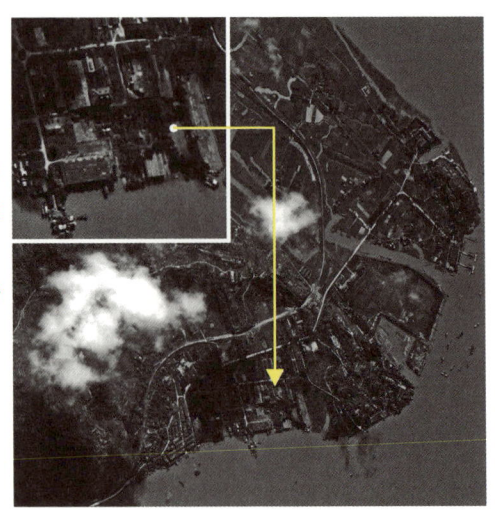

王助與中華民國的航空發展歷程

1893 年	9 月 16 日，王助生於北京。
1908 年	王助畢業於南宮縣立兩等小學，進入煙臺海軍水師學堂。
1909 年	清朝末年，清政府為了振興海軍，派大臣赴歐洲考察海軍，並且選取學生出國，學習先進國家的科學技術。王助、巴玉藻就是其中幾位入選學生。
1911 年	亞洲第一個民主共和國─中華民國成立。王助與巴玉藻剪斷髮辮。
1912 年	王助與巴玉藻於溫德米爾湖（Lake Windermere）試乘 Waterbird 雙翼飛機。
1915 年	6 月 22 日，王助自英國德蘭姆大學阿姆斯壯工學院機械工程學士畢業。美國MIT航空工程碩士畢業（1915-1916）。
1916 年	王助自麻省理工航空所（MIT AeroAstro）畢業後，受聘於太平洋飛機產品公司（Pacific Aero Products Company，波音公司前身），成為第一任航空工程師。將原先 B & W 型飛機，更改設計為一浮筒翼水上飛機，命名為 C 型機（Model C），波音飛機公司因此獲得美國海軍 50 架以上的 C 型機訂單。
1917 年	7 月 22 日，北洋政府海軍總長程璧光率領艦隊，連同唐紹儀、汪精衛和幾個國會議員離開上海。
1917 年	8 月 5 日，程璧光艦隊抵達廣州，倒戈孫中山。
1917 年	年底，在北洋政府牽線之下，留學多年的海外四傑─王助、巴玉藻、王孝豐、曾詒經回國，發展航空實業和置辦學校。
1917 年	王助任福州馬尾建立海軍飛機工程副處長。
1919 年	5 月 4 日，輿論風向不滿意北洋政府與日本祕密簽約，相繼引起北平學生遊行示威，抗議巴黎和會上有關山東問題的決議。
1919 年	8 月，王助與巴玉藻、曾詒經及王孝豐共同完成第一架水上飛機「甲型一號」，以及乙、丙、丁、戊、己各型水上飛機。
1922 年	王助、巴玉藻為了解決當海軍當局調用水上飛機停泊和修護的困難，設計出世界獨一無二的浮動廠棚（水上機庫、浮塢）。
1926 年	地方軍閥割據，蔣中正大致統一南方勢力後，宣布北伐。駐閩的海軍第一艦隊司令兼閩夏警備司令陳季良下令，所屬的砲艦和海軍陸戰隊協同作戰，支援北伐軍。飛機工程處的立場跟著轉向，從由接受資助轉向對抗北洋政府。

099

1926 年	直系張毅的軍隊到達烏龍江試圖渡岸時，巴玉藻和王助出動剛研發出的水上飛機「江鶖號」助戰。
1927 年	日本首相田中義一與蔣中正密談，協商破裂。日本決定出兵，阻撓蔣中正的北伐行動。
1928 年	4 月，濟南城中陸陸續續湧入約五千名日本士兵，開始修建堡壘與堆疊禦敵沙包，架設機槍大砲。駐紮山東濟南。 5 月 3 日爆發濟南慘案。
1928 年	巴玉藻向海軍當局請命，以政府名義前往德國柏林的萬國博覽會，參訪德、英、法諸國軍用或民用的飛機。
1928 年	王助擔任上海海軍總司令部飛機處處長。
1929 年	飛機工程處改組為海軍飛機製造處，巴玉藻被任命為處長。
1929 年	巴玉藻離世。
1929 年	9 月，王助被調回福州馬尾接任海軍製造飛機處處長。
1930 年	成功試飛己型雙翼雙桴水上教練機（江鴻號）。
1931 年	王助轉任中國航空公司工程師。
1934 年	王助、王士擔任錢學森留美前之導師。並安排到國內各飛機相關製造廠見習，指導工程技術實踐和製造工藝等。
1934 年	王助調入軍政部航空署任上校參事，任中央杭州飛機製造公司監理。
1936 年	清華大學設立航空研究所，發展空氣動力學、飛機材料等方面研究。在華敦德教授指導下，建成了中國第一個自行設計的風洞，風洞直徑 1.5 公尺，受到世界航空界的高度讚譽。
1937 年	1937 年抗戰軍興，奉命內遷，海岸線被日本控制。飛機零組件進口困難，飛機的備份零組件改為自製，找當地材料來研發。王助使用全木頭製作。該機除了起落架、儀錶及操縱系統外，其他全採用竹木複合材料結構。這在當時世界上是前所未有的先例。在世界航空史上都是一種大膽的嘗試和創舉。
1937 年	日本人占領北京，清華大學被迫南遷，風洞由華敦德保管。
1938 年	王助到俄羅斯考察，研討在新疆成立中俄合作之飛機製造廠計畫。
1939 年	王助出任中國航空研究院副所長兼飛機組組長。
1939 年	7 月 7 日，蘆溝橋事變爆發。

1941 年	8 月，航空研究所擴充為航空研究院後，王助出任副院長，兼理工系主任。完成研教一、二、三式教練機，研滑運一滑翔運輸機及新復興 3 式教練機結構測試。
1943 年	完成《飛機設計手冊》，將航空研究院研究所得的資料、數據分門別類，包括：氣動力、結構、材料、螺旋槳等，飛機種類包括：輕、中、重型轟炸機、戰鬥機、教練機、偵察機、連絡機、運輸機等。
1946 年	各級復員、接收任務告一段落，航空委員會改組為空軍總司令部。
1946 年	9 月 20 日，航空工業局成立，航空研究院劃分其下。
1946 年	8 月，中國與英國簽訂 CXP-1001 戰機合作研發計畫，是由我國出資、英國發展的戰機。中國派出參與人員前往英國研製計畫 CXP-1001。
1946 年	王助回中國航空公司擔任機航組副主任。
1947 年	王助擔任中國航空公司總經理的主任祕書。（至 1950 年間）
1948 年	12 月，王助來到臺灣，居於臺南市南門路 14 巷 2 號。
1949 年	國共內戰再起，中英關係持續惡化。英國政府拒絕簽發噴射戰機 CXP-1001 計畫的出口許可，幾經交涉無效後，只能自行運回歷經三年研發成果 31% 的機密資料、設計圖，我國研發人員返國。
1949 年	王助處理兩航事件的產權問題，協助將中國航空公司資產與飛機移轉至陳納德開設之美商民航空運公司。
1949 年	3 月 17 日，與空軍航空研究院一起遷至臺灣省臺中市（今中區公園路 2 號）。
1949 年	11 月 1 日，航空研究院縮編併入航空工業局，改為航空研究室。
1949 年	王助任教於國立成功大學機械工程系，授課 10 年間，共有 423 位學生修過他的航空工程，這些學生中，生不逢時剛好是國內航空工業的停頓期（1949-1968 年美援期間），所以楚材晉用，不少在世界各地航空工業有非常傑出的表現。
1950 年	中國航空公司解散，王助留在臺南。
1955 年	12 月，王助至臺灣省立工學院機械系擔任兼任教授，開授選修課航空工程。
1963 年	9 月，王助完成「航空工程講義（Engineering Aerodynamics）」。
1965 年	3 月 4 日，王助因肝炎逝世於臺南，骨灰供奉於臺南法華寺。

疾風魅影─造飛機的人

1991 年	11 月 21 日，美國波音公司贈送 C 型機飛機水晶模型給成功大學，每年定期在成大航太系，舉行為期二週的航空工程講座。
2005 年	8 月 22 日，位於西雅圖的波音飛航博物館展出王助紀念常設展。
2008 年	4 月 15 日，成功大學資深執行副校長馮達旋教授，將王助的「航空工程講義」，致贈波音公司、波音飛航博物館典藏。
2016 年	1 月 25 日，適逢波音公司創立 100 週年，美國華盛頓州參議會通過第8693 號決議文，表彰王助在航空工業的貢獻，該決議文典藏於國立成功大學。

* 製表參考：成功大學博物館／王助傳記／中山科學院航空研究所70、80週年特刊。

1935年清華大學自行設計建造了中國第一個防空風洞

102

後記　系統工程打造的理想世界

　　系統工程就像《禮運‧大同》篇中的理想社會，追求著一個完美而和諧的整體。就像《禮運》中的各個要素相互依存和相互影響，系統工程也是由眾多元素組成，彼此緊密相連。

　　禮運強調的是個體與整體的和諧，而系統工程強調的是各個跨系統元素的協同合作，以實現整體的目標。兩者都追求著最佳的系統設計和運行，也是一種發現和解決問題的過程，從識別實際問題開始，找出最佳解決方案，並通過建模蒐集數據、模擬仿真和優化等方法來實現。

　　進一步延伸這一概念，現代模擬器的發展已成為所有系統整合的關鍵技術。美國在這一領域取得卓越成就，無論是太空探索、海洋作業，還是航空飛行，均在模擬器環境中完成概念設計及軟體的獨立驗證與認證（IV&V），然後才進入試飛階段。這一過程不僅提高了安全性，也大幅降低了成本。

　　製造飛機、潛艦或船隻的重點不僅在於硬體的製造，而在於系統軟體的整合和運算模擬得到精確的數據 model。未來，模擬組不僅是產品的開發者，更是所有系統整合的核心技術的掌握者。誰能掌握更多的數據模型，誰就能在這場競爭中脫穎而出，成為真正的贏家。

　　王助在清末時期出國遠赴英國，為將至衰亡的大清帝國學習造軍艦，偶然初學的飛行經驗，讓他在飛行於雲霧天地間，看到不同的高度與視野，他與巴玉藻相信，航空造飛機的願景可帶領國家脫離屈辱與窮困。

　　當代正逢工業大國航發初興起，王助、巴玉藻、曾貽經、王孝豐更弦易轍分別轉往美國學習造飛機，儘管未知的前程倍嘗艱辛，其四

人合作創造出國家航發的系統工程的養成與基礎，王助一路隨著國家戰亂遷徙，仍不改航發其志，以創意與實作多款原型機讓系統工程教育紮根奠基，儘管國家航發命運總是在希望與失望間徘徊，他仍為國家航發作育學子，蟄伏等待航發終有再起之時。

　　王助是位航空工程師，畢生以知識和技術在國家困境中期許創造出希望與改變，這些先驅者的未竟之志令人感佩，值得我們永遠銘記。

> 　　謹將本書獻給那些被地心引力、權威束縛，卻依然勇敢飛向高空的鬥士們。願他們的心念帶領我們，朝著更廣闊的天空展翅翱翔。

　　多年前我也只是看故事的人，觀影宮崎駿《風起》的動畫作品中描述不陌生的「零式」戰機研發故事，有所感傷也有所收穫，2018年10月巡演旅程中數次與王助重逢，感受他刻蝕在國家造飛機歷史的榮耀、被波音銘記的工藝、以及對臺灣航空留下的未竟之志。雖有遺憾、卻也有所感召。

　　順著他們的歷史足跡，來到福州馬尾造船廠、復刻的船政學堂、復刻的甲型一號，巴玉藻、王助、曾貽經、從缺的王孝豐，工匠群揮汗的塑像……遙想並心領神會，跟隨他們穿越我們的天空，曾有一群以馭風的工匠為志業，為日後航發系統工程奠基、讓夢想飛向雲端更接近光。現在，馭風者穿梭雲霄的心念不滅，以文字記錄傳承到人們心中，而我們的天空，也會因為他們曾在歷史未知的風洞中勇於穿越與承擔所感召，再次呼嘯風起。

　　2013年至2018因《疾風魅影-黑貓中隊》製作期間，有緣結識一群飛行行技術超凡的飛行員。2018年10月至2019年《疾風魅影-黑貓中隊》巡演旅程展開，去到一些不同領域，也因觀影交流而結識許多有情

有義的天使朋友支持。要特別感謝須文蔚教授於東華大學華文文學系主任期間，聽我說想做《造飛機的人》王助、華錫鈞兩冊圖文小說書籍，得到他大力地支持與相助，並不拘於形式地擔任創作文稿指導總舵，並包容我們對書籍出版毫無經驗與外行，仍能引領主創團隊向前。

特此感謝：

須文蔚教授	陳靖先生	靜心校友會
華周毓和女士	王品心女士	李美慧老師
鄭傑濼先生	林幸兒	應詠婕女士
褚晴輝教授	張怡德先生	林淳先生
彭元熙教授	林亦宏先生	謝雪如女士
呆中興教授	郭清癸先生	謝雲妃女士
李適章老師	李厚穎先生	華錫鈞航空工業發展基金會
邱祖湘老師	莊秀美女士	成大航太系／博物館
吳康明老師	何又新女士	國史館
賴維祥教授	朱力揚先生	中山科學院臺中航空所
王惠民教授	林宏修先生	漢翔航空工業
唐克先生	楊賢怡先生	國防部政戰局
李文正先生	王愛華先生	福州船政局博物館
黃司晶女士	倪美芳女士	台北明明短期補習班
徐林先生	李俊賢先生	波音飛行博物館
陳星宏先生	漫安琦校長	（The Museum of Flight）
陳彥初先生	唐尚智校長	空軍子弟學校校友會

寬和影像

2024 年 10 月 2 日

國家圖書館出版品預行編目

疾風魅影:造飛機的人:王助:讓夢想飛向雲端/
寬和影像, 古雯. -- 一版. -- 臺北市:秀威少年,
2025.03
　　面;　　公分. -- (少年文學 ; 69)
BOD版
ISBN 978-626-99019-3-7(平裝)

1.CST: 王助 2.CST: 航空工程 3.CST: 傳記

782.887　　　　　　　　　　　　　113018408

少年文學69　PG3029
疾風魅影－造飛機的人

王助──讓夢想飛向雲端

文／寬和影像、古雯
圖／張國徵
責任編輯／孟人玉、吳霽恆
圖文排版／陳彥妏
封面插畫、字型／吳紹恩
封面完稿／李孟瑾
出版策劃／秀威少年
製作發行／秀威資訊科技股份有限公司
114 台北市內湖區瑞光路76巷65號1樓
電話：+886-2-2796-3638
傳真：+886-2-2796-1377
服務信箱：service@showwe.com.tw
http://www.showwe.com.tw

郵政劃撥／19563868
戶名：秀威資訊科技股份有限公司
展售門市／國家書店【松江門市】
104 台北市中山區松江路209號1樓
電話：+886-2-2518-0207
傳真：+886-2-2518-0778

網路訂購／秀威網路書店：https://store.showwe.tw
　　　　　國家網路書店：https://www.govbooks.com.tw
法律顧問／毛國樑　律師

總經銷／聯合發行股份有限公司
231新北市新店區寶橋路235巷6弄6號4F
電話：+886-2-2917-8022
傳真：+886-2-2915-6275

出版日期／2025年3月　BOD一版　定價／390元
ISBN／978-626-99019-3-7

讀者回函卡

秀威少年
SHOWWE YOUNG

版權所有・翻印必究　Printed in Taiwan　本書如有缺頁、破損或裝訂錯誤，請寄回更換
Copyright © 2025 by Showwe Information Co., Ltd.All Rights Reserved

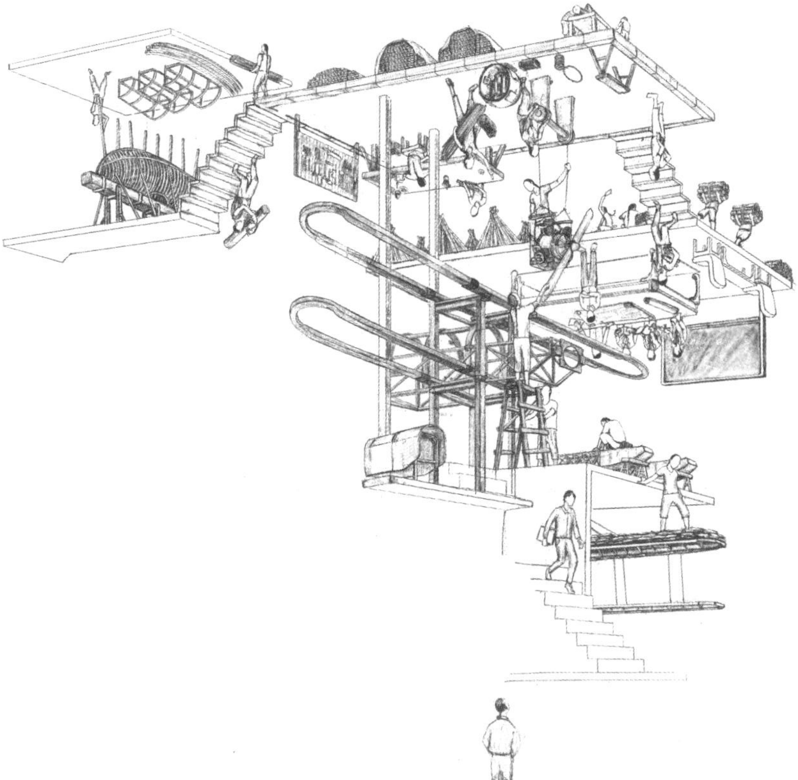